大学教育の質保証と達成度評価

認証評価の近未来を覗く

早田幸政古稀記念論文集編集委員会企画

編著　堀井祐介・工藤潤・入澤充

はじめに

　この度、早田幸政先生が古稀を迎えられるにあたり早田先生がこれまで
に勤務された機関や大学に所属する研究者および科研費等での共同研究者
が集まり早田先生の古稀をお祝いする記念論文集を刊行することとなりま
した。

　改めて紹介するまでもありませんが、早田先生は日本を代表する高等教
育質保証の研究者であると同時に、その実践者・実務家でもおられます。
より具体的な活動としては、メンバーシップ制度を取り入れていた大学基
準協会においては、加盟機関が自律的に行ってきた適格判定、大学評価の
実務に関わってこられ、学校教育法改正に伴い導入された認証評価制度へ
の対応準備を調査研究部長として取り仕切られました。その後、金沢大学
では、大学教育開発・支援センター評価システム研究部門教授として学内
外で教育質保証に関する研究を進められました。なかでも文部科学省委託
研究「教員の所属組織」（教員の所属組織と教育組織の分離に関する調査）
と日弁連法務研究財団委託による法務研究科を対象とした専門職大学院認
証評価基準案作成は大きな研究組織を統轄し実質的な成果を上げられた例
として特筆すべきものです。大阪大学へ移られてからも、米国、欧州のみ
ならず東アジア、ASEAN 諸国の教育質保証動向の調査研究を科研費等に
より研究チームを組織・指揮し有益な研究成果を報告書にまとめられまし
た。中央大学でも、米国のアクレディテーション機関の認証の仕組み、リ
スボン規約などの国境を越えた高等教育資格の通用性、ASEAN 諸国であ
るベトナム、マレーシア、インドネシアなどの高等教育質保証の仕組みな
ど教育質保証動向の研究を継続しながら、教職課程科目担当として初中等
教育の質保証およびその高等教育への接続をテーマとした研究にも取り組
まれました。これらの大学での研究活動と並行して法学、教育制度、道徳
教育の教科書執筆による高等教育現場への貢献も非常に大きなものです。

　一般的には、この類いの論文集は関係者がそれぞれの研究分野に応じて記念の思いをもって論文を執筆するものですが、今回は、単なる記念論文集ではなく、日本の高等教育の発展に資するためのものとしたいとの早田先生の強い意向のもと、早田先生ご本人と記念論文集編集委員会とで基本テーマを固め、そのテーマに沿って厳選した研究者に執筆を依頼する形となりました。そのテーマは、認証評価を軸とした大学教育の質保証とその根拠の一つである学習成果の達成度評価でした。これは、上でも述べたように、早田先生が大学基準協会時代から一貫して取り組まれてきた研究テーマでもあります。

　このテーマに沿って、第Ⅰ部（総括編）では、認証評価第4期に向けて基準改定などを踏まえた考え方、第3期を総括し第3期に向かう方針、国境を越えた学生交流と大学教育の質保証、高大接続における教育質保証についての論文が、第Ⅱ部（教学マネジメント編）では、教学マネジメントとガバナンス・コード、IR、大学質保証システムについて、および、内部質保証と「学習成果」可視化についての論文が、第Ⅲ部（認証評価実践編－第4期に向けて－）では、大学基準協会と日本高等教育評価機構の2つの認証評価機関における第4期にむけた方向性と認証評価の具体的活動における留意点についての論文が並んでいます。また、最後の部分には業績を概観し総括する論文も加えられています。このように、本論文集は、日本の認証評価黎明期から関わられてきた早田先生の古稀記念論文集としてだけでなく、第4期認証評価に関わる全ての高等教育関係者にとって非常に時宜にかなった研究論文集となっています。

　最後になりましたが、多忙の中いきなりのお願いにもかかわらず執筆を引き受けていただいた研究者の方々、および、出版・刊行を引き受けていただいたエイデル研究所の熊谷様、大園様に編集委員会として心からのお礼を述べさせていただきたいと思います。

早田幸政古稀記念論文集編集委員会

目次

はじめに ·· 2

第Ⅰ部

総括編

Ⅰ　第４期認証評価に臨むにあたり ―序にかえて―········工藤 潤　8
Ⅱ　内部質保証重視の第3期認証評価から
　　展望する大学の質保証 ································前田 早苗　16
Ⅲ　国境を越えた学生の教育交流と大学の質保証·····望月 太郎　30
Ⅳ　高大接続と教育の質保証
　　―高等学校教育における学習評価の視点を軸に―···········堀井 祐介　46

第Ⅱ部

教学マネジメント編

Ⅴ　教学マネジメントにおける
　　ガバナンス・コードの位置づけ ·······················佐藤 信行　58
Ⅵ　教学マネジメント体制とIRの役割 ···············高田 英一　72
Ⅶ　学部をオーナーとする教学マネジメントと質保証システムの提案
　　教員の授業や学生の学修にインパクトの及ぶ変革に向けて·······大森 不二雄　84
Ⅷ　「学習成果」の可視化に向けての直接評価と間接評価の統合
　　標準テストと学生の自己評価の関係性の検討·····························山田 礼子　98

第Ⅲ部

認証評価実践編 —第4期に向けて—

Ⅸ 認証評価の基本的視点と大学評価の特質・今後の方向性
………………………………田代 守 112

Ⅹ 次期認証評価と大学基準協会
評価手続を巡る諸論点……………………… 松坂 顕範／加藤 美晴 124

Ⅺ 日本高等教育評価機構における認証評価の基本的視点と
大学評価基準の特質・今後の方向性………………………伊藤 敏弘 140

Ⅻ 日本高等教育評価機構における認証評価手続きを
進める際の留意点………………………………………………陸 鐘旻 152

第Ⅳ部

特別寄稿

ⅩⅢ 早田幸政教授の退職に寄せて………………………植野 妙実子 168

ⅩⅣ 早田幸政「高等教育論」の特質
「大学評価論」からの考察…………………………………入澤 充 178

ⅩⅤ 高等教育研究者・早田幸政先生の足跡…………………島本 英樹 184

本書刊行に寄せて………………………………………………福原 紀彦 196

早田幸政研究業績一覧………………………………………… 200

第Ⅰ部

総括編

Ⅰ　第4期認証評価に臨むにあたり
―序にかえて―

工藤 潤
Kudo Jun

はじめに

　2004 年から実施された認証評価制度は、「大学の教育研究活動等の状況について、様々な第三者評価機関のうち国の認証を受けた機関（認証評価機関）が、自ら定める評価の基準に基づき大学を定期的に評価し、その基準を満たすものかどうかについて社会に向けて明らかにすることにより、社会による評価を受けるとともに、評価結果を踏まえて大学が自ら改善を図ることを促す」制度として導入された [1]。その導入にあたっては、「国の関与は謙抑的」としつつ、大学の自主性、自律性に配慮しながらその教育研究の質の維持向上を図っていくことを基本に据えつつ、大学を評価する「最終の評価者」は「社会」であることを前提に、「社会」の判断を助けるために認証評価結果を公表し、市場競争原理が有効に働くような環境を創出することが、当初から目指されていた。

　この認証評価制度は、現在 19 年目を迎えており、これまでの間、高等教育政策に対応して幾度となく改定がなされてきた。具体的には、認証評価の基準に 3 ポリシーに関することや教育研究活動等の改善を継続的に行う仕組み（内部質保証）に関することなどが追加されたこと、評価方法に、高等学校、地方公共団体、民間企業その他の関係者からの意見聴取を含めることとしたこと、また、評価基準に適合しているか否かの認定を行うこ

とを認証評価機関に義務付けたこと、その上で、不適合と判定された大学は、教育研究活動の状況について文部科学大臣へ報告すること、又は資料の提出が求められること、等の措置が講じられてきた。

　最近では、2022年3月に公表された、中央教育審議会大学分科会質保証システム部会の審議のまとめ「新たな時代を見据えた質保証システムの改善・充実について」（以下、「審議のまとめ」という。）では、「学修者本位の大学教育の実現」及び「社会に開かれた質保証の実現」を柱に、今後の質保証システムの改善方向として、以下の4点が示された。すなわち、①学修者にとっても社会にとっても質保証の仕組みや大学教育の状況が分かりやすく予見可能性があること（客観性の確保）、②大学内部の情報が適切に公開されることにより、学修者が適切に情報収集ができ、社会に対する説明責任が履行されること（透明性の向上）、③大学は、社会変革を促すための知と人材の集積拠点として先導的・先進的な取組の推進が求められ、また、こうした取組の実行可能性を保証し推進していくために、質保証システムは、変化し続ける社会に対応し得る柔軟性を確保する必要があること（先導性・先進性の確保）、④質保証システムの実効性の確保の観点から、認証評価基準を満たさなかった場合の取扱い等に関して厳格性が求められること（厳格性の担保）、が示された。こうした改革方向に基づいて、2022年9月に大学設置基準等が改正され、同時に、各認証評価機関は、こうした改正に対応するべく評価システムをどう見直すべきか、その検討が求められている。

　本章では、2025年度から第4期認証評価を迎えるが、これまでの認証評価において現出した問題や国の改革方向を踏まえ、認証評価機関及び大学は、第4期認証評価に向けてどう臨むべきか、その課題等を提示したい。

1　学修者本位の教育と内部質保証

　近年の高等教育政策の中心に据えられているのが、学修者目線で学士課

程教育を捉え直し、学生の学修成果を重視するというものである。2008 年の中央教育審議会「学士課程の構築に向けて（答申）」が、こうした高等教育政策を方向づける契機となった。そこでは、学士課程で学生が身に付けるべき学習成果[2] を学位授与方針に具体化・明確化し、こうした学習成果を修得できるよう教育課程の編成・実施方針を定め、教育活動を展開していくことが必要であること、学生の学習到達度を把握・測定して卒業認定を行う組織的体制を整備することなどが提言された。

　また、2018 年 11 月に公表された中央教育審議会「2040 年に向けた高等教育のグランドデザイン（答申）」では、高等教育機関は、学修者が「何を学び、身に付けることができるのか」を明確にし、学修成果を実感できる教育を展開する必要があること、2020 年 1 月の中央教育審議会大学分科会「教育マネジメント指針」では、各高等教育機関が、学生が必要な資質・能力を身に付ける観点から学位プログラムを最適化し、「学修者目線」で教育を捉え直す必要があることなど、「学修者本位の教育の実現」の必要性が指摘された。

　今後、各高等教育機関は、学位プログラムを体系的に構築し、当該学位課程に期待される学修成果が修得できるよう、そうした教育の実践が求められる。換言すれば、「教育課程」、「教授・学修活動」、「学修支援」、「学修成果の修得状況の把握・評価」、「成績評価」、「学位授与」等を相互に整合させ、システム的に統合して、期待される学修成果が修得できるよう学位プログラムをデザインし、教学マネジメントのもとで学位プログラムを運用していくこと、そして、教育・学修の実践を通じて当該学位課程に相応しい学修成果が修得されたかどうかを把握・評価し、その結果を可視化していくことが必要で、こうしたプロセスが内部質保証システムの中にしっかりと組み込まれていることが重要となる。

　認証評価では、こうした営みが当該学位課程の教育の充実や、学生の学びと成長に寄与しているかどうか、検証していくことが求められる。

2　内部質保証の実質化の必要性

　2018 年度の第３期認証評価から、内部質保証は認証評価の重点項目として法令上位置付けられたが、いくつかの認証評価機関は、第２期の段階で内部質保証を評価対象としていた。特に、最初に内部質保証の概念を認証評価に取り入れた大学基準協会は、第２期においては、内部質保証システムの構築（内部質保証のための組織整備、内部質保証に関する方針・手続の明確化、自己点検・評価の客観性・妥当性の確保と自己点検・評価結果と改善・改革の連動など）を求めた。そして、第３期では、内部質保証システムの構築を前提に、そのシステムの機能的有効性を評価することとした。具体的には、内部質保証に責任を負う組織（内部質保証推進組織）と各部局との関係を明らかにし、内部質保証推進組織が、各部局による３ポリシーに基づく教育活動、その検証及び改善・改革の一連のプロセスが適切に展開するようマネジメントしているかを評価することとした (3)。

　では、実際に各大学の内部質保証の実態はどのようになっているのだろうか。大学基準協会では、年度ごとの大学機関別認証評価結果の分析レポートをホームページ上で公表しているが (4)、このレポートから、2018 年～2021 年の４年間の内部質保証に対する評価（提言状況）を概観したい。

【図表１】

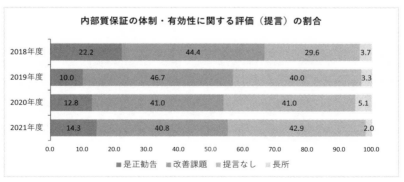

※大学基準協会の機関別認証評価結果の４年間の分析レポートを基に筆者が作成。

　この図表1からも分かるように、問題の重大性に強弱はあるものの必ず改善が求められる「是正勧告」と「改善課題」の提言を受けている大学は、毎年、受審大学数の半数を超えている。提言内容としては、内部質保証推進組織と各組織の権限や役割が不明確であるなど体制に不備が見られるケース、内部質保証推進組織が教学マネジメントの役割を果たしていないケース、点検・評価結果を用いた改善・向上に取り組む全学的な仕組みが不十分なケースなどが多々見られた。

　他方、この第3期認証評価で内部質保証とともに重視しているのが、学修成果の把握・評価である。この点についても大学基準協会は、評価結果の分析レポートを公表している。図表2から分かるように、第3期に入ってから、学習成果の測定方法が定まってなく検討もされていないという勧告相当の提言が付された大学は見られなかったが、学位授与方針に示した学習成果と測定方法の関係が不明瞭など測定方法に問題があり、学生の学習達成度を適切に測定するための方法・指標の開発と運用を求める提言（改善課題）が付された大学が多く見受けられた。しかしながら、年々、改善課題が付される大学が減少していることから、それぞれの大学において学位授与方針に示された学習成果を測定するための方法等の開発が進み、学習成果の把握・評価が定着しつつあることが窺える。

【図表2】

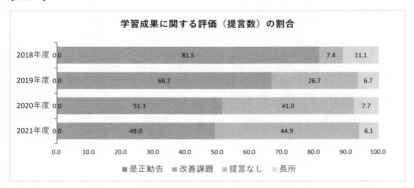

※大学基準協会の機関別認証評価結果の4年間の分析レポートを基に筆者が作成。

　大学基準協会は、内部質保証について、「PDCAサイクル等を適切に機能させることによって、質の向上を図り、教育、学習等が適切な水準にあることを大学自らの責任で説明し証明していく学内の恒常的・継続的プロセス」と定義し、内部質保証の目的は、教育の充実と学習成果の向上と位置付けている[5]。

　この目的を実現するために、今後の内部質保証のあり方としては、学修成果を基軸に据えて、内部質保証のプロセスを構築していく必要がある。具体的には、①修得が期待される学修成果の明確化、②学修成果の修得を目指す教育課程の体系的編成と効果的教育・学習活動、③学修成果の測定・評価、④可視化された学修成果の活用、という4段階のプロセスを十全に構築することである。

3　認証評価機関の評価水準の確保

　先に触れた「審議のまとめ」では、認証評価制度の改革の方向として、「認証評価で内部質保証の体制・取組が特に優れていることが認定された大学に対しては、次回の評価においてその体制・取組が維持・向上されていることを確認しつつ、評価項目や評価手法を簡素化するなど弾力的な措置を可能とする」こと、また、「不適合の大学については受審期間を短縮化（例：3年）する」ことなどが示された。

　しかし、こうした改革方向を無条件で進めることで良いのであろうか。例えば、認証評価機関が定義する内部質保証はそれぞれ異なっており[6]、各認証評価機関が公表する評価結果から内部質保証の体制・取組の優秀性を評価する水準もまた異なっていることが垣間見える。また、「不適合」と判断する水準についても、これまで認証評価機関間において一定程度揃えようという取組も行ったことはない。この点について「審議のまとめ」においても、認証評価機関によって評価結果や評価水準の違いの存在を指摘する声もあることを紹介している。この「審議のまとめ」では、優れた内部質保証の体制・取組であると評価した結果と次回認証評価において評価項目や評価手法を簡素化するなどの弾力的措置とを関連付けることに言及してい

るが、認証評価制度をわが国の質保証システムの重要な装置の1つとして位置づけるのであれば、認証評価機関間において内部質保証に係る一定程度の共通評価事項を設定することが必要ではないだろうか。また、「不適合」とする判断の水準についても、同様なことが言えよう。

こうした認証評価機関間の連携の必要性とともに、各認証評価機関それぞれにおいて、評価水準の維持・向上や評価機関としての信頼性の確保に向けた取組を継続的に実施することも必要である。具体的には、各認証評価機関の目的が達成するための仕組みを整備し、その仕組みを有効に機能させていくことである。すなわち、認証評価機関においても内部質保証システムの整備とその機能化が不可欠である(7)。

ところで、現在、認証評価機関になろうとする者は、中央教育審議会の審査委員会において審査され、その審査結果をもとに文部科学大臣により認証評価機関として認証するか否かが決定される。一旦、認証評価機関として認証されると、その後は特に定期的な審査が行われることはなく、認証評価機関の評価水準と組織の質の維持・向上は、ひとえに認証評価機関の主体性に依存している状態である。認証評価機関は、自らの組織・活動について自己点検・評価を実施することが義務付けられているが(8)、単に自己点検・評価だけであれば、その営みも恣意に流れ、独善に陥る可能性は否定できない。認証評価制度を設計した国がこうした自己点検・評価の客観性、妥当性を担保するためにも、認証評価機関に対する定期的審査又は認証評価機関に対する第三者評価システム構築の可能性を検討すべきである。もとより、認証評価機関の審査委員会は、引き続き厳格な審査が求められることは言うまでもない。

おわりに

各認証評価機関は、認証評価の目的をそれぞれ掲げているが、その中で共通していることは、大学の教育研究活動等の質の向上に貢献し、質の保証を十全に実施していくことである。では、ここでいう質とは何か。質とは

かなり多義的意味を含んでいるが、究極的には学生の質、すなわち学生が学修成果を修得できたかどうかということであろう。そのためには、学修成果を修得させるための教育実践や学修活動の質も問われてくる。つまり、大学は、内部質保証システムを構築して、教育の充実と学修成果の向上を果たしていくことが求められ、認証評価機関もまた大学のこうした営みを側面から支えていかなければならない。また、冒頭で述べたように、認証評価制度は、規制改革や市場原理という概念を底流に持つ制度で、情報の非対称性を解消し最終的には社会が大学を評価するとの基本的考えを包摂している。

　このように認証評価機関は、大学に伴走しながら質の向上に寄与していく一方、大学と一定の距離を保ちながら公正かつ厳格な質保証を行っていくことが求められている。第４期は、このバランスに留意しながら、大学や社会から信頼される評価を実施していくことが必要である。

---

(1)　「大学の質の保証に係る新たなシステムの構築について（答申）」中央教育審議会、2002 年 8 月
(2)　本稿における「学修」と「学習」の表記については、原文のものをそのまま引用し、それ以外は、基本的に「学修」を使用している。
(3)　工藤潤「大学基準協会が求める内部質保証」、永田恭介・山崎光悦『教学マネジメントと内部質保証の実質化』東信堂、2021 年 3 月
(4)　https://www.juaa.or.jp/accreditation/institution/result/　参照
(5)　『大学評価ハンドブック』大学基準協会、2022 年
(6)　内部質保証に関する考え方などについては、各機関別認証評価機関のホームページに紹介されている。
　　大学基準協会：https://www.juaa.or.jp/accreditation/institution/handbook/
　　大学改革支援・学位授与機構:https://www.niad.ac.jp/media/006/202206/no6_1_1_daigakutaikouR2.pdf
　　日本高等教育評価機構
　　https://www.jihee.or.jp/achievement/college/pdf/hyokakijyun1704.pdf
　　大学・短期大学基準協会
　　https://www.jaca.or.jp/service/college/standard/
　　大学教育質保証・評価センター
　　http://jaque.or.jp/wordpress/wp-content/uploads/2019/07/%E5%AE%9F%E6%96%BD%E5%A4%A7%E7%B6%B1.pdf
(7)　認証評価機関自身が、内部質保証の仕組み整備することの必要性は、国際的高等教育質保証ネットワーク（INQAAHE）が設定する外部質保証機関のガイドライン（GGP）においても指摘されている。この GGP のセクション 2「外部質保証機関の説明責任」では、「外部質保証機関は、内部質保証のための方針と仕組みを整備する。それは、当該質保証機関の活動の質的向上を図り誠実性を高めることに不断の努力を行っていること、事業活動を取り巻く状況の変化に対応していること、質保証について国際社会とつながりを持っていることを証明するものである。」としている。
　　https://inqaahe.org/sites/default/files/GGP-Procedural-Manual-2018.pdf
(8)　「学校教育法第百十条第二項に規定する基準を適用するに際して必要な細目を定める省令」第 2 条第 4 項において、「大学評価基準、評価方法、認証評価の実施状況並びに組織及び運営の状況について自ら点検及び評価を行い、その結果を公表するものとしていること。」と、認証評価機関に対して自己点検・評価を義務付けている。

Ⅱ　内部質保証重視の第3期認証評価から展望する大学の質保証

前田　早苗
Maeda Sanae

はじめに

　中央教育審議会大学分科会質保証システム部会は、2022年3月に「新たな時代を見据えた質保証システムの改善・充実について（審議まとめ）」（以下、「審議まとめ」）を公表した。この「審議まとめ」は、公的な質保証システムは、最低限の水準を厳格に担保しつつも、大学教育の多様性・先導性を向上させる方向で改善・充実を期するものでなければならないとしている。大学設置基準が改正されれば、1991年の設置基準大綱化以来の大改正になる。その特徴は、「大学教育の多様性・先導性を向上」を期して、教員組織、専任教員、単位の計算方法等、大学の裁量に委ねられる部分が格段に大きくなるところにある。

　大学設置基準が緩和されることで、大学の特色ある教育研究活動が多様に展開されることは基本的には望ましいものと考える。しかし、事前規制がこれまで以上に緩和され、大学の裁量幅が拡大すれば、大学の教育研究が一定の質をもって運営されているか否かを大学の外部から確認するのは一層困難になる。大学の活動の正当性や質について大学自身に説明責任があり、これを明らかにすることは重要だが、それだけでは不十分で、それゆえに外部から評価し基準への適合認定を行う認証評価機関の責任が今以上に大きくなるのは必至だ。

　現在、第３期（2018 年度〜 2024 年度）⁽¹⁾にある認証評価は、大学に
よる自己点検・評価を通じた質の向上の仕組（すなわち内部質保証）が機
能していることを重点的に評価することになっている。第２期に厳格化さ
れた大学設置基準遵守という外形的な評価が限界にきているとの指摘もあ
り、評価の視点が、設置基準という外部指標にいかに適合しているかとい
うことから、大学自身が自律的に質保証を行っているかという点に大きく
舵を切ったからだ。

　その第３期に注目する理由は、評価の中心に置かれた内部質保証が大学
に定着しているかどうかに疑問があるからだ。

　もし、定着していなければ、内部質保証を前提としているであろう今次
の設置基準改正が、そのねらいどおりに大学教育の多様性・先導性の向上
へとつながらないのではないかと危惧される。

　そこで、本章では、まず、予定されている大学設置基準の改正のポイン
トが、質保証との関係でどのような課題を持っているのかについて考察す
る。

　ついで、内部質保証重視の第３期認証評価において、内部質保証の評価
がどのように行われているのか、その現在の状況を把握するとともに、内
部質保証中心の評価について批判的に検討する。

　これらのことから、大学の自律的な改善向上に資する質保証のあり方に
ついてささやかな提案を試みる。

1　設置基準改正は認証評価にどのような影響を及ぼすのか

　冒頭で触れたように、「審議まとめ」は、大学教育の多様性・先導性の
向上を目指して、設置基準の緩和を提言した。この「審議まとめ」を受け
て大学設置基準はどのように改正されようとしているのだろうか。そして、
この改正は認証評価にどのような影響を及ぼすのだろうか。

2022年7月に意見募集が行われた大学設置基準改正案（以下、改正案）の主な改正ポイントは、以下の6点である[2]。

①総則等理念規定の明確化

②教員組織・事務組織等の組織関係規定の再整理

③基幹教員、授業科目の担当、研修等に係る規定

④単位数の算定方法

⑤校地、校舎等の施設及び設備等

⑥教育課程に係る特例制度

本章では、上記のうち最も議論を呼ぶと思われる基幹教員と、これまで認証評価では評価してこなかった単位数の計算方法について、認証評価が対応を求められるであろう課題について指摘する。

（1）　基幹教員について

改正案は、これまでの「専任教員」を「基幹教員」に改めた。その基幹教員の定義は、「教育課程の編成その他の学部の運営について責任を担う教員（助手を除く。）であって、当該学部の教育課程に係る主要授業科目を担当するもの（専ら当該大学の教育研究に従事するものに限る。）又は一年につき八単位以上の当該学部の教育課程に係る授業科目を担当するもの」とされている。

この条文案だけを読むと、今までの専任教員の定義より、所属学部への関与が明確に定義されたように読める。しかし特に大きな改正点は、必要教員数である。学部の種類及び規模に応じ定める基幹教員数を定めた別表の備考には「この表に定める基幹教員数の半数以上は原則として教授とすることとし、<u>4分の3以上は専ら当該大学の教育研究に従事する教員とする</u>」（下線は筆者）と付されている。これは4分の1は専ら当該大学の教育研究に従事する教員でなくてもよいことを意味している。

「審議まとめ」は、この大改正について、クロスアポイントメント等多様な働き方が広がっていることも踏まえ、「一の大学に限り専任教員」と

いう現行の専任教員の概念を改め基幹教員の概念を導入することで、複数の大学や学部で基幹教員となることも可能にするとともに、民間からの教員登用の促進が期待されるとしている。

しかし、改正案では当該大学の教員でなくてもよいと解釈できる数値要件しか書かれていない。基幹教員の4分の1をこれまでの非常勤教員に置き換えることが、文部科学省への届け出もなしに簡単にできてしまう。つまり、何の変革も企図せずに事実上専任教員を削減できるのだ。

基幹教員に変えることによって文理融合や分野横断などの時代に合った教育を展開することが狙いであるが、その狙いを実現させていくためには、質の低下を来す可能性のある安易な利用があってはならない。

現在、認証評価では、教員については、設置基準で必要とされる教員数の充足、年齢構成の偏り、FDの実施くらいしか確認していない。大学設置基準では学部の主要科目については専任が担当するのが原則となってはいるが、認証評価では「主要科目」が何かを特定することなく、必修科目の専任率を見るくらいしか行っていないだろう。

せっかく緩和された設置基準について、認証評価で厳しくチェックすべきではないという見方もあるだろう。しかし、ここまで大きな改正が行われるのであれば、大学は改正に伴ってどのような変更を行い、その変更が教育課程の編成や教育の質の観点から適正なものであるのかどうかについては充分に点検する必要があると思われる。

（2）　単位数の算定方法について

単位数の計算方法は、これまで講義・演習、実験・実習・実技といった授業形態で1単位の計算が一定の範囲で決まっていた。改正案では、授業形態の区別なく、おおむね15時間から45時間の範囲で大学が定めることができるようになる。単位については、これまでも教室内外の学習時間を合わせて45時間という考え方が実質化されていないことは常々問題視されてきた。加えてコロナ禍によるオンライン授業の増加で教室の内か外か

といった考え方の転換や、授業形態にかかわらずオンラインで授業を実施する必要性があったことなどから、学習時間について見直しがなされたことは当然のことのように思われる。

　ただし、単位数を見直すにあたっては、当然、大学自らが設定した学位授与方針や目指すべき学習成果との関係が十分に検討されなければならないはずである。

　認証評価では、これまで、15回の授業が行われているか否かは厳しく見ていたが、単位数が設置基準通りかどうかまで見てこなかった。単位計算について、大学設置基準の要件違反があることは想定されていなかったからだ。今回の改正では、単位数がどのように変わったのか、その変更は授業の到達レベルや学習成果との関係で妥当なものなのか、まずもって大学に対して問うことが求められるのではないだろうか。

（3）　設置基準改正と認証評価

　上でみたように、設置基準の改正が実現すると、これまで当然に守らなければならなかった専任教員数や単位の計算方法等についての大学の裁量権が大幅に拡大する。

　それが設置基準改正の眼目ではあるが、設置基準が緩和されると、緩和された数値を満たせば問題はないとする安易な考え方が広がり兼ねない。大学がこの設置基準の改正を受け、どのような変更を行ったのか、そのために、学内でどのような合意が図られたのか、どのように自大学の教育研究活動に活かしているのかを確認することは、認証評価の重要な役割であろう。

　第2期認証評価までは、認証評価が設置基準の遵守状況のチェックに終始しているといった批判もあったが、今次の設置基準の改正は、設置基準の遵守についての評価も質的評価へと改革する必要がある。それは、認証評価において個別の基幹教員の資格のチェックなどを厳格化せよということではない。設置基準の改正に従って大学が大きな変更を行うのであれば、

それはどのような理由からか、質を伴ったものであるのかを問うことは最低限必要ではないだろうか。

　さらに言えば、設置基準改正に関わらず、前回の認証評価受審後、大学として改善課題への対応や長所の維持、伸長をどのように行ってきたのか、大学の計画の進捗、変更があった場合の経緯等について、大学自身に語ってもらうことが重要であろう。

2　認証評価機関による内部質保証の評価

　認証評価制度については、学校教育法では基本的な事項のみが定められていて、評価基準や評価方法等の認証評価機関に関する詳細は、学校教育法第百十条第二項に規定する基準を適用するに際して必要な細目を定める省令（以下、細目省令）で規定されている。

　その細目省令の2017年の改正で、認証評価機関が評価を行うこととして新たに加えられたのが、「卒業の認定に関する方針、教育課程の編成及び実施に関する方針並びに入学者の受入れに関する方針に関すること」（いわゆる3つのポリシー）と「教育研究活動等の改善を継続的に行う仕組みに関すること」の評価基準である。特に後者については、「重点的に認証評価を行うこと」が認証評価機関に要請された。この「教育研究活動等の改善を継続的に行う仕組み」が内部質保証を指している。

（1）　各認証評価機関の内部質保証に関する評価基準

　第3期認証評価から最重要事項とされた内部質保証について、各認証評価機関はどのように評価しているのだろうか。

　4年制大学を評価対象とする認証評価機関は、大学基準協会（以下、JUAA，2004年）、大学改革支援・学位授与機構（以下、NIAD，2005年）、日本高等教育評価機構（以下、JIHEE，2005年）、大学教育質保証・評価センター（以下、JAQUE，2019年）、大学・短期大学基準協会（以下、

JACA，2020 年）の 5 機関である（2022 年 7 月現在。西暦は認証評価機関として認証された年）。

　このうち、2021 年度終了時点で 4 年制大学の評価実績のない JACA を除き、4 つの認証評価機関の内部質保証に関する評価基準を比較すると [3]、おおよそ以下のようなことが言える。

　内部質保証の評価基準項目数は、JUAA および NIAD が 5 項目、JIHEE が 4 項目、そして JAQUE は、基準全体が大綱的で特に内部質保証の基準は設定していない。基準の内容については、JUAA が内部質保証の方針の明文化を求めていること、NIAD が内部質保証の体制と手続の規定化を求めていること、JIHEE が内部質保証の仕組の確立を促すことに重きを置いていることなど、各認証評価機関では一定程度の差が認められる。

　もっとも、内部質保証は、大学に対してその実施が直接的に義務づけられているわけではなく、認証評価機関を対象とした細目省令で「教育研究活動等の改善を継続的に行う仕組みに関すること」とされているだけである。したがって、内部質保証をどのように評価するかは認証評価機関の裁量にゆだねられているともいえる。

　その中で、4 機関で共通しているのが以下の評価の視点である [4]。

　　①内部質保証のための組織体制が整備されているか

　　②その組織体制のもとで内部質保証が有効に機能しているか

　とりわけ内部質保証の有効性に注目してみよう。

（2）　内部質保証の機能の有効性

　内部質保証が有効に機能しているか否かの評価について、公表されている各評価機関の 2021 年度の評価結果を見ていこう。

　JUAA の内部質保証の機能についての評価は、4 機関中最も分量が多く、内部質保証に関わる組織の位置づけや役割について詳細に記述されている。その主なものは、質保証の全学的責任組織と各部局の自己点検との関係に関するもので、組織間の連携や点検・評価結果のフィードバックの不

十分さ、全学的な観点から各部局への改善・向上の指示・支援の不足である。改善課題が付される大学も多く、「有効に機能している」と評価の高かった大学は受審した51大学中わずかに2大学である。改善課題の付された大学は、内部質保証を機能させるというより、改善報告書の提出のために制度整備に追われることになってしまうかもしれない。

NIADの内部質保証の機能の有効性の評価については、受審した43大学すべてについてほぼ同文の評価結果が示されているのみで、内部質保証が有効に機能しているか否かや改善事項の有無については言及されていない。その代わりに大学から提出されたリスト（改善向上が必要とされた事項とそれへの対応計画とその実施主体、計画の進捗状況を一覧できる表）が公表されており、その公表をもって内部質保証機能の有効性に関する基準を満たしているとしている。

JIHEEにおける内部質保証の機能性についての評価は、受審した56大学のうち、改善を要する点が指摘された大学より、内部質保証が機能していると評価された大学が多い。学部・学科レベル、全学レベルでPDCAの仕組の確立をもって機能しているとしている例もある。改善を要する点については、主に大学運営に関わる規則や手続の不備、法令要件の未充足などがある。

JAQUEについては、21年度に受審したのは5大学である。JAQUEの評価の中心資料であるポートフォリオは、内部質保証についてまとまった記述を求めていない。内部質保証に関わる評価結果をみると、内部質保証の体制の整備に課題がある大学が半数以上である。また、内部質保証が有効に機能しているかどうかの評価は行われていないように見受けられる。まだ、認証評価機関として2年目の評価を終えたところであり、評価経験をもう少し蓄積する必要がありそうだ。

（3）　内部質保証の機能の有効性をどう評価するのか。

　内部質保証の機能の有効性に関する評価については、4つの認証評価機関で大きく評価のあり方が異なっていた。それでも、JUAAとJIHEEの評価で高い評価結果を得られた大学を参考にして仕組を作り、これを規程化してNIADのような主な改善事項リストを作成すれば、内部質保証について高い評価を得られそうである。

　しかし今一度立ち止まって、この経緯について検討することが必要ではないだろうか。

　認証評価が始まってから、評価が自己目的化している、評価疲れを来しているといったことがしばしば課題として指摘されてきた。いま、その状況から脱却できているのだろうか。内部質保証は大学の改善・向上を自主的・自律的に行うものとされているが、認証評価機関をはじめ、学外者に対して質を保証できていることを示すための文書化が中心になっているようにみえる。その結果、大学の現場の教職員は相変わらず評価疲れの状態にある。内部質保証を自分たちが自主的、自律的に行っているという実感は、果たしてあるのだろうか。

　さらに、こうした文書を提出するのであれば、認証評価で必須とされている実地調査は必要なのだろうか。筆者の経験する限りにおいては、実地調査は、評価機関の訪問チームが大学の代表者たちや選ばれた学生たちとの形式的な面談と、大学が見せたい施設の見学と事前に決められた授業の参観で構成されている。実地調査は大学を知る貴重な機会ではあるが、半ばお膳立てされたセレモニーともいえる。

　内部質保証が機能しているかどうかを知るには、あらかじめ提出される膨大な資料を可能な限り削減して、訪問チームがそれぞれ一定の範囲で自由に行動し、教職員や学生の自然な状況でのインタビューを行うことの方が意義があるように思われる。

　大学代表者との面談も、事前に用意した質問に従って内部質保証システムのチェックをするより、体制整備の困難さや実施の難しさなどについて、

率直に聞くことが、現段階ではなおも必要ではないだろうか。

3　設置基準改正後の質保証について

（1）　認証評価の現在地

　「審議まとめ」は、我が国の公的な質保証システムを構成する主たる要素を、大学設置基準、設置認可制度、認証評価制度、情報公表であるとしたうえで、一部のシステムに過重な負担がかかることがないように留意することが必要であるとしている。

　しかし、うえで見てきたように、内部質保証を重視した評価は、認証評価の負担業務をこれまで以上に大きくすることは明らかである。

　これまで細目省令にしか規定されていなかった内部質保証が、改正案第１条第３項に「点検及び評価の結果並びに認証評価の結果を踏まえ、教育研究活動等について不断の見直しを行うことにより」水準の向上を図ることに努めると加筆された。内部質保証の重要性が盛んに強調されるなかで、その記述は簡素であり、依然としてどのような評価を行うかは各認証評価機関次第となっている。

　一方で、今次の改正に伴って、大学の創意工夫に基づく取組を促進させるために教育課程に係る特例制度が新設されることになった。遠隔授業による修得単位上限（60単位）、単位互換上限（60単位）、授業科目の自ら開設の原則、校地・校舎面積基準等について緩和することなどが例示されている。大学がこの特例を認められるための最低要件として、①教育研究活動等の状況について自ら行う点検、評価及び見直しの体制が十分整備されていること並びに教育研究活動等の状況を積極的に公表していること、②認定を受けようとする大学等が、直近の認証評価において適合認定を受けていることなどが挙げられている。

　要件の①は、まさに認証評価機関が内部質保証体制として大学に求めることだが、特例制度というメリットを受けるためにあらためて内部質保証

が審査されるということは、認証評価機関による内部質保証の評価の信頼度が高くないことを意味しているのではないだろうか。

（2）　認証評価に関する提案

　認証評価が単に義務的に受審するものから、少しでも実質的に質を高めるためのシステムへと向上させていくために、検討材料として、以下のことを提案しておきたい。

①　認証評価機関自体の質保証システムを整備する。

　我が国の質保証システムは、複数の機関別評価機関が存在し、大学はどの評価機関を受審してもよいというものである。このような方式は、管見の限り日本だけであり、大学の自律的な質保証を尊重するという特色を持っている。その反面、認証評価機関の評価方針が多様であればあるほど、一国の制度として問題があるのではないだろうか。

　認証評価機関はひとたび認証されると、評価基準や評価方法等について変更しようとするとき、または認証評価の業務を休止・廃止しようとするときに文部科学大臣に届け出ることになっているだけで、認証を受けなおす必要がない。

　一度認証されたら相当程度の自由度をもって各機関が活動する状況で、日本の質保証システムが国際的に通用するだろうか。

　提案したいのは、認証評価機関の評価活動を定期的に確認する組織を置くことである。できれば認証評価機関の連絡協議会の機能を強化するのが良いのではないか。その組織は、認証評価機関の特色は尊重しつつも、一定の水準を揃えることにも取り組む。必要に応じて、大学設置基準や設置認可手続に対しても意見具申を行うようになれば、その存在意義は増すであろう。

②　認証評価における評価の負担業務を軽減する。

　認証評価では、社会に対しての質の保証を重んじるあまり、証拠資料の提出が膨大となっている。しかし、それらの資料によっても、本当に内部質保証が機能しているのかが確認できているとは言えない。繰り返しになるが、その提出資料を削減し、実地調査における大学との対話を重視し、質保証への取り組みがどこまで浸透しているのか、進捗の課題は何かを把握することはできないだろうか。また、基準への適合性の判断は上の①や次の③に基づいて行うようにしてはどうだろう。

③　内部質保証の現状を広く調査し、大学の内部質保証活動の支援につなげる。

　①で提案した組織が中心となって、内部質保証への取り組み（専従組織の有無、IR 機能の充実度、学習成果の把握への取り組みなど）がどの程度進んでいるのかを調査し、その取り組みの進捗状況を勘案して認証評価における内部質保証の評価に反映させる。また、海外における質保証の実際の取り組みの調査も行い、日本の大学の質保証の水準と比較しながら、国際的通用性を高めることに努める、といったことが考えられる。

　上記の取り組みのいくつかは高等教育研究者レベルで行われていることもあるが、質保証制度の充実という観点で組織として取り組む必要があるだろう。

　以上の提案は、実現が難しいことも多いが、大学を「評価疲れ」に追い込んでも質保証が実質的にならないという現実を踏まえれば、少しでも良い方向に進んでいくためには、遠回りであっても一考の価値がある検討材料であるように思われる。

おわりに

　自己点検・評価では十分ではないという文脈で導入された内部質保証は、大学設置基準には定めがない。「細目省令」で「教育研究活動等の改善を継続的に行う仕組みに関すること」とされているのみである。法令上では大学に何も求めず、認証評価機関にのみ大学の内部質保証を特に重点的に評価せよというのは、バランスを失しているように思える。

　認証評価機関の中で最も詳細な定義づけを行っている JUAA は「内部質保証とは、PDCA サイクル等を適切に機能させることによって、質の向上を図り、教育、学習等が適切な水準にあることを大学自らの責任で説明し証明していく学内の恒常的・継続的プロセスのことである」としていて、下線が自己点検・評価にはなかった部分である。ただ、下線部分について、大学基準協会がどのように評価を行っているのかは、評価結果を見る限りでは明確ではない。

　「内部質保証」が重要なものとして定着するのであればそれでよいが、内部質保証が自己点検・評価とどう違うのか、新たに何が求められているのか混乱している大学関係者も多いのではないだろうか。

　内部質保証という用語が使われるようになってから、質保証のための決まりごとが増えてきている。3 ポリシーに加えてアセスメントポリシーの設定、そのアセスメントのための様々な装置、内部質保証の規定化など、自律的に実施せよと言いつつ、大学は自身で考えて行動しその成果を顧みるいとまもないほど追われている。内部質保証として最低限何が重要なのか、着実に前進するには何から始めればよいのか、もう一度大学の側に立って考えることが必要ではないだろうか。

(1)　2004 年に導入された認証評価制度は、大学等に 7 年以内ごとに認証評価機関の評価を受けること
　　を義務付けたことから 7 年を区切りとして考えることが一般化している。現在は、第 3 期の終盤にあ
　　たる。

(2)　大学の設置等の認可の申請及び届出に係る手続等に関する規則の一部改正案に関するパブリックコ
　　メント　https://public-comment.e-gov.go.jp/servlet/Public?CLASSNAME=PCMMSTDETAIL
　　&Mode=0&bMode=1&bScreen=Pcm1040&id=185001256（2022.08.16 閲覧）

(3)　各認証評価機関の基準及び評価結果の比較は、当該機関のホームページに依った。アドレスは以下
　　の通り。
　　JUAA「「大学基準」及びその解説」https://www.juaa.or.jp/upload/files/accreditation/institution/
　　standard/01　（2022.07.31 閲覧）
　　NIAD「大学機関別認証評価　大学評価基準」https://www.niad.ac.jp/media/006/202206/
　　no6_1_1_daigakukijunR2.pdf（2022.07.31 閲覧）
　　JIHEE「大学機関別認証評価　評価基準」https://www.jihee.or.jp/achievement/college/pdf/
　　hyokakijyun1704.pdf（2022.07.31 閲覧）
　　JAQUE「点検評価ポートフォリオ作成要項」http://jaque.or.jp/business/taikou（2022.07.31 閲覧）

(4)　JAQUE の評価基準は、非常に大綱的な基準が 3 項目のみで、注釈として大綱的な基準に関係する
　　法規が羅列されているだけである。内部質保証についての具体的な評価項目が示されていないため、
　　ここでは「点検評価ポートフォリオ作成要項」から著者が抜き出した。

Ⅲ 国境を越えた学生の教育交流と大学の質保証

望月 太郎
Mochizuki Taro

はじめに

　国境を越えた学生の教育交流について何を理解するかで論じる内容は変わるので、はじめにその概念について考えておきたい。「国境を越えた教育」（トランス・ナショナル・エデュケーション：TNE）を、英国の教育省が定めるように狭義で理解すれば、「学生の教育交流」は大学が自国の外に設置するブランチ・キャンパスや海外協定校と共同で行うダブル・ディグリー等のプログラムで学ぶ学生が対象となり通常の教育課程（英語コースを含む）に在籍する留学生は含まれない。他方、日本の文部科学省での審議に提出された資料に述べられているように緩やかに捉えれば、従来の留学生も含めなければならない。ここでは中庸を得ることとし、狭義の TNE に加えて国内の大学で運営されるインターナショナル・プログラムも含め、そこで学ぶ学生の教育交流と質保証について論じることにしたい。

1　日本における TNE の現状

　日本の高等教育機関は TNE に関しては守勢に立たされている。日本の高等教育機関が海外に進出してブランチ・キャンパスを置くというような例はなく、自校の部局内にインターナショナル・プログラムを設ける、あ

るいは海外の大学とジョイント／ダブル・ディグリー等の協定を結ぶのが
せいぜいといったところである。

　海外で日本側からの援助や資金協力によって設立された大学としては、
例えばキャンパスがタイのバンコク郊外にある泰日工業大学、インドネシ
アのジャカルタ郊外にあるダルマプルサダ大学、エジプトのアレクサンド
リア県ニュー・ボルグ・エル・アラブ市にあるエジプト日本科学技術大学
等がある。最近では日本の IT 起業家がカンボジア、キリロム国立公園の
リゾート地に創設したキリロム工科大学のような事例もあり、ここではカ
ンボジア人学生と日本から受け入れた日本人留学生が同じキャンパスで学
んでいるが、これらはあくまで例外的なものであり、またこれらは当該国
に本部が置かれた現地機関であり、厳密な意味では TNE には当たらない。
やはり十余年前に有識者が認めたように、「我が国の現状では、留学生交
流以外の形態での高等教育の国際展開はあまり進んでいない。特に我が国
近隣の東アジア・東南アジア地域において、米国、英国、豪州等の大学が
活発に国際展開するなか、我が国の大学の存在感は薄い」[1] という事実認
識は現在もそれほど変わるところはないと現役の大学人として認めざるを
得ない。他方、海外の大学が日本に進出してブランチ・キャンパスを設け
た例はテンプル大学ジャパンキャンパスをはじめ、かつては 40 校以上を数
えたが、1990 年代末までにその多くが閉校、撤退し、現在残るものは少ない。

　たしかに近年、留学生 30 万人政策等の政策の結果、来日する外国人留
学生の数は増え、国立大学にもインターナショナル・プログラムが設けら
れた。しかし、そこで学生の交流がどれほど達成されているかを顧みるな
らば楽観視することはできない。また海外留学する日本人学生の数は年々
増えてはいるものの、海外で学位取得を目指す長期留学者の割合は少ない。
総体として国境を越えた学生の教育交流は盛んとは言い難い。

　筆者の勤務校である大阪大学は 2009 年に G30 に採択されて学士課程に
二つのインターナショナル・プログラムを設けたが、その内の一つはすで
に閉鎖された。その他ダブル・ディグリー等はすべて大学院レベルのもの

である。このように日本における TNE の一つの特徴として、教育交流が大学院プログラムに偏っているという点が挙げられる。この点は海外からのニーズに鑑みるに今後の改善を期すべき課題である。筆者が東南アジア諸国で開催された日本留学フェアに参加し何度も経験したことだが、日本留学を希望する高校生の多くが英語で学べる学士課程プログラムを探して各大学の展示ブースを訪ねて来る。しかし、英語で学んで学位を取得できるプログラムとして提供されているものは大学院レベルのものばかりだと知ってがっかりして帰るのである。

　他方、本稿で事例として取り上げるタイの大学は学部にインターナショナル・プログラムを設けている例が多い。チュラロンコン大学の場合、理系文系のほぼすべての学部に英語で学んで学士号を取得できるプログラムが設けられている。特徴としてプログラムの在籍者の多くはタイ人学生である。外国人もいるにはいるが、ほとんどの者が交換留学生である。結局、学費の高いインターナショナル・プログラムは国内の富裕層子女の受け皿になっている感がある。

2　TNE の質保証、その目的—日本と東南アジア

　TNE の質保証を論じる際、日本の場合、（1）外国に本部を持つ海外の高等教育機関が日本に設置したブランチ・キャンパスで教育活動を行う場合と、（2）日本の高等教育機関が国内にある自校のキャンパスでインターナショナル・カレッジ等を運営して教育活動を行う場合を分けて考えておく必要がある。さらに（3）ダブル・ディグリー等の場合、また最後に、コロナ禍の中で加速する、（4）eラーニングを利用した教育活動の場合を加えて考えておかなければならない。

　（1）～（4）についていずれの場合も日本において指針となったのは文科省「H16〈審議のまとめ〉」である。「[TNE] の受入国……及び提供国……の双方において学習者等の保護や競争力強化等の観点から、こうし

た教育に係る質保証の取組が見られる」（強調引用者）と述べられていることからも分かるように、質保証が求められる、その目的は TNE を利用して学ぶ学生に対して教育の質を担保することであるのみならず、日本の高等教育の国際競争力を高めるということでもある。但し、急いで付け加えるならば、ここで保護されるべき「学習者等」は日本人学生等であり、同時に「競争力強化」と言っても日本は「高等教育のグローバル市場の中心的位置」から外れた辺境に置かれ守勢であるという事実である。それゆえ TNE の質保証を論じる場合も、そのような立ち位置で考えなければならない。またeラーニングについては、新型コロナ感染症の拡大で急速に導入され、すでに緊急避難的な措置であるというよりもその利点が認められるにつれ、本格的な導入へ向かっている。文科省「H16〈審議のまとめ〉」では、「従来の教育提供方法と比較して、容易に国境を越えるというeラーニングの特性」がすでに指摘されていた。

　他方、東南アジア諸国（ASEAN 加盟国）では国境を越えた学生の移動を促すために各国が「高等教育資格枠組み（Higher Education Qualification Framework, QF）」を設定、教育課程のラーニング・アウトカムを明示することにより学位や修了証明の内容を透明化し、AUN 質保証ネットワーク（ASEAN University Network Quality Assurance Network）等を通して情報共有している。なお、その概要については早田（2018）が解説している通りである。

3　タイにおける TNE とその質保証

　タイは、東南アジア地域における高等教育のハブとしての役割を果たし、コロナ禍前は年間約 10,000 〜 20,000 人の留学生を主として近隣諸国から受け入れてきた[2]。しかし、タイでは、ブリティッシュ・カウンシルのリポートによれば TNE は比較的に未発達である[3]。学生の国際的な教育交流は主としてタイの各大学に設けられたインターナショナル・プログラム

を通して行われている。現状において実施されている TNE の態様は、狭義の TNE に該当する形態としては、ダブル・ディグリー等が主流であり、外国の大学が設置したブランチ・キャンパスは少ない。2017 年 10 月、カーネギー・メロン大学と国立台湾大学がブランチ・キャンパスの設置をタイ教育省に認可申請したことがバンコク・ポスト紙で報じられたが [4]（ブリティッシュ・カウンシルのリポートによれば認可済み）、今のところ独立したブランチ・キャンパスは両者共実現していない（カーネギー・メロン大学は今のところモンクット王工科大学ラカバンと協定を結び、バンコク近郊ラカバンにあるキャンパスにサテライトを置いて、電気工学と情報工学の修士・博士課程プログラムを運営している。また国立台湾大学が設置予定のブランチ・キャンパスについて、その後の動向は不明）。ところで、これに先立ちアメリカのウェブスター大学がバンコク都内に校舎を置いているが、これは泰日工業大学と同様、タイの私立大学として教育省により認可されたものであり厳密な意味ではブランチ・キャンパスに当たらない。また、類似の形態として、タイの私立大学がフランチャイズ方式で外国の大学の学位プログラムを提供する場合もある。例えば、アサンプション大学（ABAC）は英国の諸大学が加盟する北部コンソーシアム（NCUK）と提携してフランチャイズ方式のインターナショナル・プログラムを運営していた。このプログラムで学生は 1 年次をタイで学んだ後に留学、2 年次に編入して英国で学位取得を目指した（NCUK との協定は 2018 年 6 月をもって終了、その後、同じプログラムはタイ国内に置かれたブリティッシュ・カウンシル教育センターとの提携により継続されている）[5]。他方、ダブル・ディグリー等に関しては、筆者が大阪大学バンコクセンター（現在はASEAN 拠点）長任期中の 2015-16 年度において、すでに運用されているプログラムとして学部及び大学院レベルで 87 を数えた [6]。ダブル・ディグリー等はタイ国内の各大学で設けられたインターナショナル・プログラムと連動している場合もある。

　これらのプログラムで学位取得を目指す学生は、学部生の場合、在籍期

間の内２年間を協定先の大学に留学して学ぶような形で教育交流に参画する。その場合、学生は必ずしも協定先の大学が本国に置くメイン・キャンパスへ留学するとは限らない。例えばタイ南部のプリンス・オフ・ソンクラー大学は英国のノッティンガム大学がマレーシアに置いたブランチ・キャンパスと学士課程の経営学（BBA）ダブル・ディグリー・プログラム協定を結んでおり、学生は在籍中２年間を隣国マレーシアへ留学して学ぶ。こうしてASEAN圏内でTNEが実現する。なお、筆者の勤務する大阪大学でも、生物工学国際交流センターがタイのマヒドン大学大学院等と修士課程のダブル・ディグリー・プログラム協定を締結して運営している。また、大阪大学はマヒドン大学にASEANキャンパス（サテライト）を設置し、日本語教育等を実施している。

　ちなみに、タイの大学のダブル・ディグリー等に関する学術交流・学生交換協定締結先の高等教育機関が属する相手国は、国別に見ると総件数では中国が１位であるが、教育課程毎に捉え直すと学部レベル（学士課程）では中国が１位であるのに対して、大学院レベル（修士・博士課程）では日本がアメリカや英国を抑えて１位である (7)。またそのほとんどが理工学系のプログラムである。この点は、はじめにも述べたように日本の大学の教育交流が大学院レベルに偏っているという特徴を他国との比較において如実に示しており、現地のニーズとのミスマッチは今後改善を必要とするところであろう。

　ブリティッシュ・カウンシルの分析によれば、タイにおけるこうしたTNEの態様はタイの大学関係者から歓迎されており、学生の認知度は低いが次第に魅力的なものと捉えられるようになってきている。理由は、大学関係者にとって協定に基づくダブル・ディグリー等は、外国の大学にタイ人学生を奪われずに国際化を促進ができるからである。海外留学は頭脳流出の機会ともなるのである。また学生にとっては海外留学よりも費用を掛けずに国際的経験を積み、外国の大学の学位を手に入れることができるといった魅力が見出されるからだという。反面、ブランチ・キャンパスは

国内の高等教育市場において直接の競争相手となってしまうがゆえにタイの大学関係者にとって招かれざる客なのだという。また学生や保証人に対してブランチ・キャンパスが本校と同等に高いレベルの質の教育を提供していることを証明、説得することが難しいという問題もある。

　ところでタイでは TNE に関しても各大学が学位授与権を持っているが、学位は高等教育局（OHEC）による「認証（acknowledgement）」を受けて初めて効力を有するものとなる。この認証は主としてカリキュラム・レビューを通して行われる。カリキュラムはそれぞれの科目・分野について公表された OHEC's Curriculum Standard Criteria (CSC) に合致していなければならない。そして認証の 3 年後、その後は 5 年毎に外部評価を受けなければならない [8]。外部評価は書面ベースで行われるが、そのため書類を準備すべく各大学はプログラムに応じた内部質保証システムを整えていなければならない [9]。

（1）　事例紹介：チュラロンコン大学コミュニケーション学部インターナショナル・プログラム（英語プログラム）における教育の質保証

　タイではインターナショナル・プログラムが多くの大学で多岐にわたる分野に関して設けられている。やや古いがブリティッシュ・カウンシルが2018 年に公表したリポートによれば、220 以上のプログラムが 44 校で設けられているという。プログラムの認証と評価に関して、手続きは他のプログラムの場合と同じである。

　他のプログラムと同様、インターナショナル・プログラムにおける教育の質保証は大学が汎用的なものとして確立した内部質保証システムによって行われる。評価の基準はアウトカム評価であり、その指標は高等教育資格枠組み（QF）において定められたものが全学で統一的に用いられる。

　筆者がチュラロンコン大学コミュニケーション学部インターナショナル・プログラムで授業担当している「哲学と論理学」のコース・シラバスには期待されるアウトカムの指標が、例えば次のように明示されている。

（コース・シラバスのイメージ、抜粋）

CHULALONGKORN UNIVERSITY
COURSE SYLLABUS

1. Course Number   2207103
2. English Abbreviation of
   Course Title   PHILOS LOGIC (International Program)
3. Course Title
      Thai: ปรัชญาและตรรกวิทยา
      English :   PHILOSOPHY AND LOGIC
4. Credit   3.0 (3.0 – 0.0 – 6.0)
5. Responsible Section
      5.1. Faculty/Equivalent   FACULTY OF ARTS
      5.2. Department   DEPARTMENT OF PHILOSOPHY
      5.3. Section   Field of Study of Philosophy
6. Method of Measurement   Letter Grade (A B+ B C+ C D+ D F)
7. Type of Course   Semester Course
8. Semester   Intl 1st semester
9. Academic Year   2021
10. Teaching Management

Class Section	Instructor	Evaluation Period
2	10017381 Asst Prof. TIDAWADEE SKULPONE	08-11-2021 to 24-12-2021
2	25400247 TARO MOCHIZUKI	08-11-2021 to 24-12-2021

【図表1】Behavioral Objectives（16.2）

#	Behavioral Objectives
1	Explain and clarify various forms of arguments Learning outcomes : ・1.1.Possessing well-rounded knowledge ・3.1.Being able to think critically Teaching/Development Method : ・Lecture ・Discussion ・Field trip Evaluation Method : ・Written examination ・Skills examination ・Behavior observation
2	Evaluate various forms of arguments Learning outcomes : ・1.1.Possessing well-rounded knowledge ・3.1.Being able to think critically Teaching/Development Method : ・Lecture ・Discussion ・Field trip Evaluation Method : ・Written examination ・Skills examination ・Behavior observation
3	Able to read and write critically Learning outcomes : ・1.1.Possessing well-rounded knowledge ・3.1.Being able to think critically Teaching/Development Method : ・Lecture ・Discussion Evaluation Method : ・Written examination ・Skills examination ・Behavior observation
4	Explain and discuss principal problems in philosophy Learning outcomes : ・1.1.Possessing well-rounded knowledge ・3.1.Being able to think critically Teaching/Development Method : ・Lecture ・Discussion ・Field trip Evaluation Method : ・Written examination ・Skills examination ・Behavior observation

Behavioral Objectives Table

รายละเอียด	1		2		3			4					5		6 7 8 9
	1.1	1.2	2.1	2.2	3.1	3.2	3.3	4.1	4.2	4.3	4.4	4.5	5.1	5.2	
1	●				●										
2	●				●										
3	●				●										
4	●				●										

　【図表1】の項目16.2.＃1～4の領域に対応するラーニング・アウトカムとして、「1.1. 多方面にわたる知識を身につける」「3.1. 批判的に思考できるようになる」という2つの指標が学習効果の測定方法とともに明記されている。中間試験と期末試験は、目標とされるアウトカム達成の効果が測られるような形で行われなければならない。「哲学と論理学」では筆記試

験が行われる。なお 16.2 の＃１〜４の領域は、早田（2018）が 45 頁で解説している QF のラーニング・アウトカムの諸領域（知識／認識に係るスキル／対人関係に係るスキル／分析力）に対応していることがわかる。いずれもコンピテンシーを示す。

【図表2】Content（16.3）

4	August 30, 2021 :Deductive Argument: Propositional reasoning, Modus ponens, Modus tollens, Disjunctive syllogism, Behavioral Objectives：・1・2・3 Outcome：・1.1・3.1 Instructor：・TARO	Critical Reasoning and Philosophy, Module 10. Discussion & Participation, Class activity 2%
5	September 6, 2021 :Inductive Argument: Basic structure of argument based on samples, Types of generalization, Reliability of generalization. Behavioral Objectives：・1・2・3 Outcome：・1.1・3.1 Instructor：・TARO	Critical Reasoning and Philosophy, Module 11. Discussion & Participation, Class activity 2%
6	September 13, 2021 :Fallacies related to inductions Behavioral Objectives：・1・2・3 Outcome：・1.1・3.1 Instructor：・TARO	Critical Reasoning and Philosophy, Module 11. Discussion & Participation, Class activity 2%
7	September 20, 2021 : Other Common Fallacies: Fallacies of relevance, Causal fallacies, etc. Behavioral Objectives：・1・2・3 Outcome：・1.1・3.1 Instructor：・TARO	Critical Reasoning and Philosophy, Module 12, and Review. Discussion & Participation
8	September 27, 2020: Midterm Exam Behavioral Objectives：・1・2・3 Outcome：・1.1・3.1 Instructor：・TARO	

　【図表2】では、獲得が期待されるコンピテンシーとアウトカムの対応関係が形式的に示されている。また、アクティブな授業参加が求められるが、それが成績評価において占める割合が細かく提示されている。

（2）　インタビュー

　このプログラムのコーディネーターである Asst. Prof. Grisana Punpeng 博士にインタビューした。筆者の担当するコースも一昨年度、昨年度と2年度にわたって新型コロナウィルス集団感染拡大を防ぐためにオンライン授業を行ったが、教室で学生に対面して授業できないのであれば疑いなく教育の質は低下するというのが筆者の実感である。この状況に関して教育の質を管理する責任者としてどのように考えているのか尋ねてみた。

（望月）　認証を受けたインターナショナル・プログラムとして外部評価を受審するに当たって内部評価を行わなければなりませんが、昨今のコロナ禍のただ中で教育の質保証に関して困難だと感じることはありませんか？　ラーニング・アウトカムの指標として今、何がもっとも重要だとお考えですか？

（Grisana）　通常は筆記試験、レポート、学生によるプレゼンテーション等、さまざまな手法により評価するわけですが、コロナ禍の中、特に筆記試験によって評価することが困難になりました。そこで多くの科目でレポートやプレゼンテーションを課す形にシフトしています。

（望月）　レポートやプレゼンテーションを評価する場合、何か共通の評価基準を設けて評価していますか？

（Grisana）　本当は基準を設けるべきだとは思うのですが、現状ではそれぞれの教員のやり方に任されています。

（望月）　コロナ禍の中で筆記試験という受動的なものから、レポートやプレゼンテーションという能動的なものに［評価方法が］変わってきているわけですね。最近はアクティブ・ラーニングが大切と言われていますが、これはむしろ困難な状況の中で見出される良い側面だと思われます。ところで留学生教育の質保証について何か対策を講じていますか？　この2年間、交換留学生は来タイしているのでしょうか？

（Grisana）　はい、この間も留学生は来ています。今学期［注：2021/22年度春セメスター］もプログラムの定員80名中5名の留学生

が在籍しています。

（望月）　彼らの学修をどのように管理していますか？

（Grisana）　すべての授業がオンラインとなり、非常に困難だというのが実情です。プログラム・オフィサー［専従の事務職員］１名が留学生のテイクケアに当たり、アコモデーション等の面倒を見ています。困ったことが起きた際、すぐにコンタクトが取れるようにしています。

（望月）　全授業がオンラインで行われているにもかかわらず、留学生は来タイして寮などに住んでいるんですか？

（Grisana）　はい。留学生は大学が提供する寮などに住んでいますが、授業はオンラインなので好きな場所で受講することができます。

（望月）　そうすると受講している授業の担当教員やクラスメイトとも対面で会えずにいるわけですね。学生の社交生活（ソシアル・ライフ）について何か特別な措置を講じていますか？

（Grisana）　教員と学生の間で定期的なオンライン・ミーティングの機会を設けています。通常は学期初めに、特に留学生に対しては授業登録手続き等への案内を行うとともに来タイ後何か問題が起こっていないかどうか尋ねます。また学期の終わりにはフォローアップのためのミーティングを持ちます。交換留学の期間は１学期間ですので、このとき帰国準備は整っているか、単位は取れたか、確認するのです。

（望月）　これまでのところ、留学生から何か意見は──バンコクでの生活やインターナショナル・プログラムでの学習について──ありませんでしたか？

（Grisana）　良い質問ですね。確かにそういう事柄について──留学生に対してコロナ禍が彼らのバンコクでの暮らしに、目標達成に関してどのような影響を与えたのか──、留学生がどう思っているのか、もう少しきちんと調査すべきだったと思います。

（望月）　プログラム・オフィサーがその辺りのことについては知っているかもしれませんね。

（Grisana）　はい、そうですね。知っているだろうと思います。なぜなら彼女［プログラム・オフィサー］は頻繁に彼らと遣り取りしてい

ますし、コンタクトする機会が多いですから。

(望月)　［インターナショナル・プログラムで学んでいる］タイ人学生の場合はどうですか？　タイ人学生たちが外国人交換留学生と交流するような機会はありましたか？

(Grisana)　［機会があるのは］クラスの中だけですね——オンライン・クラスです。パンデミック以前にはスタディ・トリップ等を行なっていたのですが、残念ながらコロナ禍のために実施できなくなってしまいました。みんなで会社訪問したりして、そういう機会に学生交流の機会があったのです。しかし、すべてキャンセルになってしまいました。今後、状況が改善すれば、おそらく来学期からは再開できるのではないかと思っていますが、まだわかりません。

(望月)　再開できると良いですね。私もまた来タイして教室で対面で教えられるようになる日を楽しみに待ち望んでいます。

(Grisana)　望月先生は、どちらからご出講されているのですか？

(望月)　文学部哲学科からです。この２年間私もオンラインで教えて来ましたが、オンライン授業は飽きました。教室で実際に学生たちと対面で交流しながら教える方がずっと楽しいですね。

(Grisana)　もちろん、そうですよね。

(望月)　もう一つ質問があります。私自身オンラインで試験を実施する際に困難を覚えています。例えば筆記試験を受験するときにはカメラをオンにしておくように指示して、不正行為が起こらないよう配慮しますが、実際のところ学生が何をしているかわかりません。

(Grisana)　はい。それは大きな問題です。チュラロンコン大学は定期試験のために［ビデオ会議システムの］特別なライセンスを準備して［各コースで］使えるようにしています。しかし筆記試験はコロナ禍の中では適切な評価方法ではないように思われます。むしろレポートや学生が授業中に参画するプロジェクトを通して評価する方が良いように思われます。

(望月)　最後の質問になりますが、この２年間も内部評価の結果を外部評価機関に向けて報告しなければならないことがあったのではないかと拝察しますが、その辺りの事情について何かコメント

　　　　　　　していただけることはありませんか？

(Grisana)　私たちが内部評価を行い、外部評価者が視察に来ますが、彼ら
　　　　　　が見るのは書類だけです。私が思うにタイの評価システムで問
　　　　　　題なのはすべてが書面ベースで行われていることです。書面は
　　　　　　良いように書けますから、報告書が学生のパフォーマンスにつ
　　　　　　いて実態を伝えているとは限りません。外部評価機関側からの
　　　　　　フィードバックとしては、例えばもっと実習の機会を増やすよ
　　　　　　うにとか、より多くのゲスト・スピーカーを産業界から招くよ
　　　　　　うにとか、言われるわけですが、そうしたフィードバックも、
　　　　　　いわば一般的なものであって、教育の質を高めるための実態に
　　　　　　即した改善策になるとは思われないわけです。

(望月)　　　そうですよね。書類作成において重要なのは、結局、数字です
　　　　　　からね。この困難な状況の中でプログラム定員80名中5名の
　　　　　　交換留学生が在籍しているという数字は、書類上はプログラム
　　　　　　が上手く行っているという証拠になるわけでしょうが、それが
　　　　　　現下の状況における学習状況を真実に反映しているかどうかと
　　　　　　言えば、必ずしも反映しているとは言えない。多分、教員間で、
　　　　　　この2年間どのようにやってきたか、見出したことについて意
　　　　　　見交換する機会を設けると有益なのではないかと思いますが、
　　　　　　先生はこの間何か見出したことはありませんか？

(Grisana)　教員も学生も今まだ見出しつつあるプロセスの途上にあるのだ
　　　　　　と思いますが、確かに［パンデミックの］最初の頃は一所懸命
　　　　　　に努力しました。オンライン授業が上手く機能するように、学
　　　　　　生はいつもカメラをオンにしていましたし、教員は一人ひとり
　　　　　　の学生に注意を払っていました。しかし2年も経つと多くの学
　　　　　　生がオンライン授業にどう対応すれば良いかがわかってきた、
　　　　　　悪い言い方をすれば手の抜き方を理解するようになってきまし
　　　　　　た。その結果、私のこれまでの教育経験から見ると、例えば中
　　　　　　間試験で、もしパンデミック以前であれば90パーセントの学
　　　　　　生が求められている知識について正しい理解を示して解答した
　　　　　　ような問題――択一式でなく、記述式の問題です――であって
　　　　　　も、オンライン授業になったせいだと言って良いのだと思いま
　　　　　　すが、今は30〜40パーセントしか正解者がいないという有
　　　　　　り様です。これは大きな低下です。勤勉な学生は何をすれば良
　　　　　　いかがわかっており、カメラをオンにしていなくても、いつど
　　　　　　こに注意を払えば良いかポイントを把握しています。そして授

業後きちんと復習します。しかしそういう学生は少数で、多くの学生が長時間続くオンライン授業で気が散漫になり試験で結果を出すことができない。また、オンライン授業中も、たまに学生が質問しますが、質問の内容は私がすでに説明した事であることが多く、何度も触れた事なのにわかっていないのを知るとがっかりします。オンライン授業中、集中し続けるのが困難なことは明白です。

（望月）　　もうそろそろ対面授業に戻らなければならない時なのですね。

（Grisana）もう一つ興味深い発見は、高校の最終学年度においてすでにオンライン授業を体験していた大学新入生の方が、大学入学後に初めてオンライン授業を受けるようになった上級生よりも成績が良いということです。慣れの問題なのでしょうかね……。

（望月）　　どうもありがとうございました。

（インタビュー実施日：2022年4月29日、場所：チュラロンコン大学コミュニケーションアーツ学部インターナショナル・プログラム会議室）

・　・　・

　以上のインタビューを通して、2年以上に及ぶコロナ禍の中で教員も学生もかなり苦労してきており、評価（学生の達成度評価のみならずプログラム改善に向けての内部評価）について多くの困難があることがわかる。定期試験はペーパーベースの筆記試験では上手くいかないのと同様、プログラム評価も書類を通した受審では実態把握が困難である。質を見極めるためにはやはり現場の声を汲み上げて分析することが喫緊の課題であると思われる。

　なおeラーニングはコロナ禍が終息した後も効果的な部分については導入が続くであろう。それゆえeラーニングによる学修の評価手法の開発がまた喫緊の課題となろう。

(1)　国際的な大学の質保証に関する調査研究協力者会議（2004）3 頁（以下、文科省「H16〈審議のまとめ〉」と略記）

(2)　British Council, Thailand Report 2018 では、2015-16 年度において留学生数は約 12,000 人である（p.13）としている。 また、臼井（2020）によれば、「留学生の受入数に目を向けてみると、1999 年には 1,882 人であったが、2002 年 4,092 人、2005 年 4,334 人、2008 年 10,915 人、2011 年 20,155 人、2015 年 13,628 人と、2011 年をピークに 2015 年には漸減しているものの、めざましい増加が見られる。……また、2017 年の留学生総数 16,910 人の出身国トップファイブは 1 位から中国、ミャンマー、カンボジア、ベトナム、ラオスとなっている」（4 頁）。

(3)　Thailand Report 2018, p.6.

(4)　Bangkok Post, 7 Oct. 2017.

(5)　Thailand Report 2018, p.17.

(6)　Thailand Report 2018, p.7.

(7)　Thailand Report 2018, p.30, Figure 5.3: Leading partner countries by level of study

(8)　現在は ONESQA によって実施される第 4 期目（2016-2020）の評価サイクルを終え、第 5 期目に入っている。Cf. The Quality Assurance Agency for Higher Education, UK (2019).

(9)　タイにおける高等教育質保証システムの概要については、独立行政法人大学評価・学位授与機構評価事業部国際課（2015）を参照。

引用文献

・国際的な大学の質保証に関する調査研究協力者会議（2004）「国境を越えて教育を提供する大学の質保証について−大学の国際展開と学習機会の国際化を目指して−〈審議のまとめ〉（案）」文部科学省: https://www.mext.go.jp/b_menu/shingi/chousa/koutou/024/siryou/040406011/003.pdf

・臼井真希（2020）「タイの高等教育機関の国際化 —近年の高等教育政策と「アジア高等教育圏」の展開—」日本学術振興会（JSPS）バンコク研究連絡センター: https://www-overseas-news.jsps.go.jp/【国際協力員レポート・タイ】

・早田幸政（2018）「ASEAN 地域における高等教育質保証連携と「資格枠組み（QF）」の構築・運用の現段階—今、日本の高等教育質保証に何が求められているか—」大学評価研究第 17 号, 39-59 頁, 大学基準協会: https://www.juaa.or.jp/upload/files/publication/other/ 大学評価研究 17 号 .pdf

・独立行政法人大学評価・学位授与機構評価事業部国際課（2015）「BRIEFING ON THAILAND: Quality Assurance in Higher Education —ブリーフィング資料：タイ高等教育の質保証」: https://www.niad.ac.jp/n_kokusai/info/thailand/BriefingonThailandQAinHE(JP).pdf

・The Quality Assurance Agency for Higher Education, UK (2019) 'COUNTRY REPORT: Thailand': https://www.qaa.ac.uk/docs/qaa/international/country-report-thailand-2019.pdf?sfvrsn=ab3fc081_6

・British Council (2018) 'TRANSNATIONAL EDUCATION IN THAILAND: Exploring Opportunities for the UK, An Insights & Consultancy Feature Report': https://education-services.britishcouncil.org/sites/siem/files/field/file/news/ThailandReport_2018.pdf

（最終閲覧日は、いずれも 2022年5月20日）

Ⅳ　高大接続と教育の質保証
—高等学校教育における学習評価の視点を軸に—

堀井 祐介
Horii Yusuke

はじめに

　近年の大学教育においては「教育の質保証」が主要テーマとなっている。教育質保証においては、「何を学んだか」だけではなく「何ができるようになったか」という学習成果（アウトカム）の視点が重視され、その到達度、測定方法、および、可視化が中央教育審議会答申の主題として扱われるようになってきている。一方で、高等学校学習指導要領が改訂され、高等学校教育でも「何ができるようになるのか」をキーとして、育成を目指す資質・能力の明確化が重要な主題とされた。このように大学、高等学校ともに教育において学生、生徒の育成において学習成果を求めている方向性は一致している。これらの流れの起点もしくは駆動力の一つでもある高大接続答申[1]においても生徒・学生に身に付けさせるべき「生きる力」、「確かな学力」の明確化が謳われている。加えて、入学者選抜に関しては学習プロセスも重視し「高等学校までに積み上げてきた多様な力を、多様な方法で「公正」に評価し選抜するという意識」を持つことも求められている。

　これらのことを踏まえた上で、本章では、高大接続答申を基本に、「高等学校学習指導要領（平成 30 年告示）[2]」、大学教育関連各種答申等を読み解き、入学者選抜方法を中心に高大接続と大学教育の質保証の課題を明らかにする。

1　高大接続答申

　高大接続答申とは、2014年に出された「新しい時代にふさわしい高大接続の実現に向けた高等学校教育、大学教育、大学入学者選抜の一体的改革について　〜すべての若者が夢や目標を芽吹かせ、未来に花開かせるために〜（答申）[3]」のことで、その「はじめに」において同答申は、「高等学校教育、大学教育及びそれらを接続する大学入学者選抜の抜本的な改革を提言するものである」と記されている。義務教育課程である初中等教育から高等教育まで一貫した、これからの時代に求められる力の育成、すなわち、「学力の三要素」（「基礎的な知識及び技能」「これらを活用して課題を解決するために必要な思考力・判断力・表現力等の能力」「主体的に学習に取り組む態度」）を踏まえ、「それぞれの学校段階において「生きる力」「確かな学力」を確実に育み、初等中等教育から高等教育まで一貫した形で、一人ひとりに育まれた力を更に発展・向上させることが肝要である」とされている。「現状の高等学校教育、大学教育、大学入学者選抜は、知識の暗記・再生に偏りがちで、思考力・判断力・表現力や、主体性を持って多様な人々と協働する態度など、真の「学力」が十分に育成・評価されていない」、「試験の点数による客観性の確保を過度に重視し、そうした点数のみに依拠した選抜を行うことが「公平」であるという、従来型の「公平性」の観念が社会に根付いていること」などを課題として指摘し、「既存の「大学入試」と「公平性」に関する意識を改革し、年齢、性別、国籍、文化、障害の有無、地域の違い、家庭環境等の多様な背景を持つ一人ひとりが、高等学校までに積み上げてきた多様な力を、多様な方法で「公正」に評価し選抜するという意識に立たなければならない」としている。この「高等学校までに積み上げてきた多様な力を、多様な方法で「公正」に評価し選抜する」ために、高等学校側には、「調査書及び指導要録の様式等についても、新たな高等学校教育の在り方を踏まえ、生徒の多様な学習成果や活

動が反映されたものになるよう改訂する」とし、大学側には、「高等学校の学習成果を、調査書の活用等により確実に把握すること」を求めている。

　その上で、大学側には、「求める学生像のみならず、各大学の入学者選抜の設計図として必要な事項をアドミッション・ポリシーにおいて明確化することが必要であり、高等学校及び大学において育成すべき「生きる力」「確かな学力」の本質を踏まえつつ、入学者に求める能力は何か、また、それをどのような基準・方法によって評価するのかを、アドミッション・ポリシーにおいて明確に示すこと」を求めている。一方、高等学校側に対しては、「多様な若者の夢や目標を支援できる高等学校教育の実現を目指し、①「何を教えるか」ではなく「どのような力を身に付けるか」の観点に立って、②そうした力を確実に育むため、指導内容に加えて、学習方法や学習環境についても明確にしていく観点」から学習指導要領を抜本的に見直し、「どのような資質・能力を育成しようとしているのかをより明確化する」としている。

　さらに、大学側に対しては大学教育の質的転換の断行を求め、「大学教育においては、高等学校教育において培われた「生きる力」「確かな学力」を更に発展・向上させるよう、教育内容、学習・指導方法、評価方法、教育環境を抜本的に転換する」、「大学全体としての共通の評価方針（アセスメント・ポリシー）を確立した上で、学生の学修履歴の記録や自己評価のためのシステムの開発、アセスメント・テストや学修行動調査等の具体的な学修成果の把握・評価方法の開発・実践、これらに基づく厳格な成績評価や卒業認定等を進めることが重要である」とし、「大学初年次教育の展開・実践は、高等学校教育の成果を大学入学者選抜後の大学教育へとつなぐ、高大接続の観点から極めて重要な役割を果たすもの」として位置づけ、両者における教育の円滑な接続の研究開発の必要性に言及している。

2　高等学校教育での学習成果、学習評価の視点

　上記、高大接続答申を初めとする改革の流れの中で改訂された「高等学校学習指導要領（平成 30 年告示）」では、「第 1 章総則」「第 1 款高等学校教育の基本と教育課程の役割」において、「生徒の発達の段階や特性等を踏まえつつ，次に掲げることが偏りなく実現できるようにするものとする。(1) 知識及び技能が習得されるようにすること。(2) 思考力，判断力，表現力等を育成すること。(3) 学びに向かう力，人間性等を涵養すること」と記されている。また「第 2 款　教育課程の編成」においては、「4 学校段階等間の接続」として、「(3) 大学や専門学校等における教育や社会的・職業的自立，生涯にわたる学習のために，高等学校卒業以降の教育や職業との円滑な接続が図られるよう，関連する教育機関や企業等との連携により，卒業後の進路に求められる資質・能力を着実に育成することができるよう工夫すること」とされている。学習評価についても、「第 3 款　教育課程の実施と学習評価」「1 主体的・対話的で深い学びの実現に向けた授業改善」において「過程を重視した学習の充実を図ること」とされ、それを踏まえた上で、「2 学習評価の充実」として、「生徒のよい点や進歩の状況などを積極的に評価、目標の実現に向けた学習状況を把握する観点、学習の過程や成果を評価」に言及されており、「学力の三要素」、「高等学校と大学の円滑な接続」、「学習状況、学習過程を含む多様な力を多様な方法で評価する」など、学力の担保の上に、試験のみで判定することなく、学習過程を重視し積み上げてきたものを多様に評価すべきという高大接続答申で言及されている内容を踏まえたものとなっている。

　「【総則編】高等学校学習指導要領（平成 30 年告示）解説」においても、「第 4 章　教育課程の実施と学習評価」、「第 2 節　学習評価の充実」、「2 学習評価に関する工夫（第 1 章総則第 3 款 2 (2)）」において「学年や学校段階を越えて生徒の学習の成果が円滑に接続されるようにすることは，学習評価の結果をその後の指導に生かすことに加えて，生徒自身が成長や

今後の課題を実感できるようにする観点からも重要なことである。このため，学年間で生徒の学習の成果が共有され円滑な接続につながるよう，指導要録への適切な記載や学校全体で一貫した方針の下で学習評価に取り組むことが大切である」と記されている。

3　大学教育での学習成果、学習評価の視点

　一方、大学側も、高大接続答申で求められている、入学者に求める能力、それをどのような基準・方法によって評価するのかを、アドミッション・ポリシーにおいて明確に示すようになるとともに、入学者選抜方法改革にも取り組んできている。

　高大接続答申が出される前から、「学士課程教育の構築に向けて（答申）(4)」（2008年12月24日）において、学位授与に関わり「学位授与の方針等に即して，学生の学習到達度を的確に把握・測定し，卒業認定を行う組織的な体制を整える」ことが大学に期待される取組とされている。また、入学者受入方針において、高等学校段階の学習成果の適切な把握・評価を行うことが求められ、「大学と受験生とのマッチングの観点から，入学者受入れの方針を明確化する。受験生の能力・適性等を多面的に評価するという観点から，入試の在り方を点検し，適切な見直しを行う。高等学校との接続をより密にする観点から，求める資料の多様化や適切な活用を進める」ことが大学側に期待される取組とされた。

　高大接続答申の後に出された「2040年に向けた高等教育のグランドデザイン（答申）(5)」（2018年11月26日）においても、「「何を教えたか」から、「何を学び、身に付けることができたのか」への転換が必要となる」として学習成果（アウトカム）重視の姿勢のもと、「Ⅱ．教育研究体制－多様性と柔軟性の確保－」、「3．多様で柔軟な教育プログラム（初等中等教育との接続）」では、初等中等教育段階における「学力の三要素」を確実に育成するため、新学習指導要領の周知・徹底及び着実な実施を進める

こととされている。さらに、「教学マネジメント指針(6)」(2020年1月22日)においても、「学修成果・教育成果を適切に把握・可視化する必要がある。把握・可視化に当たっては、その限界に留意しつつも、学生が、同方針に定められた学修目標の達成状況を可視化されたエビデンスとともに説明できるよう、複数の情報を組み合わせた多元的な形で行う必要がある」とされている。同指針では、「大学教育の成果を学位プログラム共通の考え方や尺度(アセスメントプラン(7))に則って点検・評価することが、教学マネジメントの確立に当たって必要である」とも述べられており、この点も高大接続答申を受けたものとなっている。同指針ではさらに大学の教育活動に伴う基本的な情報であって全ての大学において収集可能と考えられるものの例として「学生の成長実感・満足度」があげられており、この「成長実感」を高めるためにも、高等学校教育での学習成果が大学教育での学習成果獲得に資するものであるよう円滑な接続が必要と考えられる。

　これらは、基本的には全て「教育の質保証」の観点から述べられているものである。

4　入学者選抜方法について

　それでは、実際の大学における入学者選抜方法は、上でも述べた高大接続と教育の質保証の観点を備えたものとなっているのであろうか。個別の入試問題をもとに議論するわけにはいかないので、Webサイト等で公開されている情報を元に類推していくしかないが、昨今の高等教育における情報公開の流れに従い、いくつかの大学のWebサイトから入手出来る情報をもとに検証してみる。

　東京大学入学者選抜要項(令和4年度)(8)によると、東京大学のアドミッション・ポリシーには、期待する学生像に加えて、入学試験の基本方針が記されており、その「第一に，試験問題の内容は，高等学校教育段階において達成を目指すものと軌を一にしています」とある。また、入学者選抜

方法には、「入学者の選抜は，学力試験（大学入学共通テスト及び第2 次学力試験）及び調査書によります」と明記されている。他の国立大学学士課程の入学者選抜要項においても入試区分による差は見られるものの、学力試験および調査書による選抜であることが記されている。また、公立大学、私立大学においても記載方法等は異なるが同様の記述が見られる。これらは、文部科学省「大学入試情報提供サイト (9)」「令和4年度大学入学者選抜実施要項 (10)」「第3入試方法」において「1　入学者の選抜は，調査書の内容，学力検査，小論文，「平成33年度大学入学者選抜実施要項の見直しに係る予告（平成29年7月）」（以下「見直しに係る予告」という。）で示した入学志願者本人の記載する資料等 (11) により，入学志願者の能力・意欲・適性等を多面的・総合的に評価・判定する入試方法（以下「一般選抜」という。）による」を踏まえたものである。

　また、東京大学 (12)、同志社大学 (13) などではアドミッション・ポリシーに加えて、「高等学校段階までの学習で身につけてほしいこと」も Web サイト、入学者選抜要項に記されており、「何を学んできたか」、「何が出来るようになった」がより具体的に見えるよう情報提供が行われている。

　高大接続答申で重視された「調査書」を含めた高等学校までに積み上げてきた多様な力を、多様な方法で「公正」に評価する仕組みとして期待され整備が進められた Japan e-Portfolio は頓挫したが、上記のように文部科学省の「大学入学者選抜実施要項」や個別大学における調査書の位置づけは変わっていないため、今後も学力の担保の上に、「どのように学んできたか」「どのような活動を行って来たか」という高等学校までに積み上げてきた多様な力を、多様な方法で「公正」に評価し選抜するという視点は今後も重要であると考えられる。

5　高大接続における学習成果、学習評価の視点の比較

　高大接続答申を中心に各種答申で記されている高等学校教育と大学教育

における学習成果、学習評価を教育の質保証の観点から見ると高大接続における二つの重要な点が見えてくる。一つ目は、学習成果の把握の観点から、高等学校教育、大学教育ともに初等中等教育からつながる「学力の三要素」（「基礎的な知識及び技能」「これらを活用して課題を解決するために必要な思考力・判断力・表現力等の能力」「主体的に学習に取り組む態度」）を踏まえることであり、二つ目は、入学者選抜方法において、単に点数で線を引くのではなく、高等学校までに積み上げてきた多様な力を、多様な方法で「公正」に評価し選抜するという視点である。大学としては、アドミッション・ポリシーで入学者選抜時点での上記２点に対する考え方を明確に示し、それを踏まえて、アセスメント・ポリシー（アセスメントプラン）で大学在学中および卒業時における求める能力、および、評価基準・方法につなげることが求められる。

　これらの点を十分考慮する（改めて検討する）ことで、「何を学んできたか」、「何が出来るようになった」（学習成果の把握）を共通基盤とし、それに加えて、「どのように学んできたか」「どのような活動を行って来たか」（積み上げてきた多様な能力を多様な方法で「公正」に評価する）という過程も重視する形で教育質保証を考えることで、高等学校教育と大学教育の円滑な接続が実現できるのである。

　また、高大接続答申でも述べられているように、初年次教育、教養教育・一般教育において高校で習得した知識・能力をしっかり踏まえて、それらの基盤の上にどのように専門科目への接続を考えているかという視点も重要である。

おわりに

　日本の教育政策においては初・中等教育の場合、「学習指導要領」で言語能力、情報活用能力、問題発見・解決能力等育成すべき資質・能力の要素が示され、それらを身につけた生徒が高大・接続を介して各高等教育機関

における「学習成果」を獲得し社会に出て行く図式が描かれている。この図式を成立させるためには、これまで繰り返し述べてきたように「何を学んできたか」、「何が出来るようになった」（学習成果の把握）に加えて、「どのように学んできたか」「どのような活動を行って来たか」（積み上げてきた多様な能力を多様な方法で「公正」に評価する）が重要とされている。高大接続答申を受けた改革の流れにおいて、高等学校学習指導要領は改定され、大学側も入学者選抜方法においての調査書活用、アドミッション・ポリシー明確化、アセスメントプラン策定など対応を進めてきている。これらを見ると高校、大学両者における教育の円滑な接続は実現できているように思える。しかし、一部の特別入試を除けば、調査書が積極的に活用されている事例は少なく、また、入試問題がアドミッション・ポリシーを十分反映したものとなっているかについての検証も十分行われていないためか、高等学校側と大学側の認識の相違はまだまだ埋まっていないのが現状である。

　一方、教育質保証の点から見ると、現在、日本での高等教育質保証の主要な担い手である認証評価において重視されている「内部質保証」とは、「ＰＤＣＡサイクル等を適切に機能させることによって、質の向上を図り、教育、学習等が適切な水準にあることを大学自らの責任で説明し証明していく学内の恒常的・継続的プロセス」であり、「内部質保証の主たる対象は教育活動であり、その目的の中心は、教育の充実と「学習成果 (learning outcome)」の向上にある」とされている。大学での教育活動につながる入学者選抜方法も当然この「内部質保証」に含まれるが、具体の認証評価作業に少し関わった経験からすると、自己点検評価・報告書において、入試の実施についての検証は行われているが、入試方法に関して、学習成果の把握は試験で確認できるが、積み上げてきた多様な能力を多様な方法で「公正」に評価することに留意している大学は現状ではあまり多くないと思われる。

　今後の入学者選抜においては、紙面のテストによる効率性を追求するだけでなく、学習成果把握にはその学習過程も重要であることを認識し、従

来と比べて非常に手間はかかるが、生徒・学生一人一人の成長を確認出来る形に舵を切って行くことが、日本の高等教育の質保証においては重要であると考える。それを実現するためには、入試問題、入試方法がアドミッション・ポリシー等で大学側が求めている能力を適切に測定していることの検証とその結果の公表、および、大学入学後、最初に学ぶ初年次教育、教養教育・一般教育が高等学校終了時点までの学習成果を基盤としつつ、専門科目学習への接続・展開の視点を備えているかについての検証とその結果の公表について大学として取り組みを始める時期が来ているのではないだろうか。

(1)　「新しい時代にふさわしい高大接続の実現に向けた高等学校教育、大学教育、大学入学者選抜の一体的改革について　〜すべての若者が夢や目標を芽吹かせ、未来に花開かせるために〜（答申）」（平成 26 年 12 月 22 日、2014 年）
(2)　文部科学省サイト　https://www.mext.go.jp/a_menu/shotou/new-cs/1384661.htm
(3)　同上　https://www.mext.go.jp/b_menu/shingi/chukyo/chukyo0/toushin/1354191.htm
(4)　同上　https://www.mext.go.jp/b_menu/shingi/chukyo/chukyo0/toushin/1217067.htm
(5)　同上　https://www.mext.go.jp/b_menu/shingi/chukyo/chukyo0/toushin/1411360.htm
(6)　同上　https://www.mext.go.jp/b_menu/shingi/chukyo/chukyo0/toushin/1411360_00001.html
(7)　高大接続答申において「アセスメント・ポリシー」と表記されたものを指している。
(8)　東京大学サイト　https://www.u-tokyo.ac.jp/ja/admissions/undergraduate/e01_06_01.html
(9)　文部科学省サイト　https://www.mext.go.jp/nyushi/
(10)　同上　https://www.mext.go.jp/content/20210604-mxt_daigakuc02-000005144_1_1.pdf
(11)　入学志願者本人が記載する資料の他、エッセイ、面接、ディベート、集団討論、プレゼンテーション、各種大会や顕彰等の記録、総合的な学習の時間などにおける生徒の探究的な学習の成果等に関する資料やその面談等。
(12)　東京大学サイト　https://www.u-tokyo.ac.jp/ja/admissions/undergraduate/e01_01_18.html
(13)　同志社大学サイト　https://www.doshisha.ac.jp/admissions_undergrad/new/admission_policy/admission_policy.html

参考文献
・「新しい時代にふさわしい高大接続の実現に向けた高等学校教育、大学教育、大学入学者選抜の一体的改革について　〜すべての若者が夢や目標を芽吹かせ、未来に花開かせるために〜（答申）」（平成 26 年 12 月 22 日、2014 年）
・「高等学校学習指導要領（平成 30 年告示）」
・「学士課程教育の構築に向けて（答申）」（平成 20 年 12 月 24 日、2008 年）
・「2040 年に向けた高等教育のグランドデザイン（答申）」（平成 30 年 11 月 26 日、2018 年）
・「教学マネジメント指針」（令和 2 年 1 月 22 日、2020 年）
・「令和 4 年度大学入学者選抜実施要項」

第II部

教学マネジメント編

Ⅴ　教学マネジメントにおける ガバナンス・コードの位置づけ

佐藤 信行
Sato Nobuyuki

はじめに (1)

　日本では、高等教育研究機関たる大学とその設置主体について、相対的に分離する法政策が採用されている。すなわち、学校教育法第2条は、「学校は、国……、地方公共団体……及び私立学校法……第三条に規定する学校法人……のみが、これを設置することができる。」として、教育研究機関たる学校の存在を前提として、その設置主体に限定を加えるという形で両者の分離を規定しており (2)、この結果、高等教育研究機関に関する法制度は、日本国憲法を頂点としつつも、高等教育研究機関たる大学に係るものと設置法人に係るものに二元化されている。このうち前者については、学校教育法を起点として大学設置基準等で実質化される公的規律が、設置主体を問わず一律に存在しており、その下で、各大学が学則を頂点とする自律的規範を形成している。

　これに対して後者については、3種の設置主体ごとに異なる法源と法構造が認められる。まず、国及び地方公共団体については、憲法を頂点とする公法的規制が、組織や運営についての具体的な点にまで及んでいる。2003年の国立大学法人制度及び公立大学法人制度の導入により、大学設置主体としての国及び地方公共団体に、それぞれ国立大学法人と公立大学法人が含まれることとなったが (3)、これらについても、相当程度具体的な点

について法律上の定めが及んでいる[4]。他方で学校法人については、「私立学校の特性にかんがみ、その自主性を重んじ、公共性を高める」[5]との観点から、法律上直接の規律を加えつつも、各大学の自律、具体的には寄附行為等の自治規範に多くを委ねるという法政策が採用されてきた[6]。

このような私立大学に対する法政策は、一方では、学校法人・大学ごとの自律を強化し、独自性をもった発展を促してきたが、他方では、公法的な外部規律の少なさから生じる諸課題の要因であるとも指摘されてきた。とりわけ、18歳人口の急速な減少を含む大学をとりまく外部環境変化の中で、2000年代に入り、大学や短期大学を設置する学校法人に対して、私立学校法に基づく文部科学大臣の解散命令が発出される事態が複数生じたことは[7]、学校法人に対する公法的規律強化の議論を活性化させることとなった。

こうした中、2019年の学校教育法等の一部を改正する法律[8]は、私立大学版ガバナンス・コードの導入を前提としつつ、私立学校法をも改正して、学校法人の組織・運営に対する一定の公法的規制強化を行ったのである。

そこで本章は、主として私立大学版ガバナンス・コードに着目して、大学ガバナンス・コードの意味と、それが、法人ガバナンスだけでなく教学マネジメントに与えうる影響について検討するものである。

1　大学に係るガバナンス・コード[9]

そもそもガバナンス・コードとは、様々な組織体のガバナンス（統治）に関して、国法による規律とは別に、業界団体等が提示するガイドラインである。その特徴は、国法による規制が原則として強行性を有しており、それに反することは違法となるハードローであるのに対して、ガバナンス・コードは、経験的にガバナンスの向上に資すると考えられる組織・運営のあり方を示すものとして構成されるソフトローであるところにある。通常、ガバナンス・コード対象組織は、コードに準拠した組織・運営を行うか、あるいはそれに準拠しないことを選択して、その理由を表明することが求められる（Comply or Explain モデル）。このような仕組みを導入することによって、当該組織の透明性を確保し、関係者（ステークホルダー）に対して、当該組織との関わり方を判断する情報提供を行うことが企図されている。

　こうしたガバナンス・コードによるガバナンスの向上・可視化は、日本では 2015 年に東京証券取引所上場企業に導入されたことを契機として、他の社会的組織体にも広まりを見せ、国公私大学設置法人についても、現在までに、次の 6 つのガバナンス・コードが策定・公表されている。

①文部科学省・内閣府・国立大学協会「国立大学法人ガバナンス・コード」（2020 年 3 月 30 日 [10]、2022 年 4 月 1 日改定 [11]）

②公立大学協会「公立大学の将来構想　ガバナンス・モデルが描く未来マップ」（2019 年 5 月）[12]

③日本私立大学協会「日本私立大学協会憲章　私立大学版ガバナンス・コード＜第 1 版＞」（2019 年 3 月 28 日）[13]

④日本私立大学連盟「日本私立大学連盟私立大学ガバナンス・コード【第 1 版】」（2019 年 6 月 25 日）[14]

⑤大学監査協会「大学ガバナンスコード」（2019 年 7 月 11 日）[15]

⑥日本私立短期大学協会「私立大学・短期大学版 ガバナンス・コード【第 1 版】」（2020 年 1 月 16 日）[16]

2　3つの私立大学版ガバナンス・コードの概要

(1)　議論の限定

　本稿では、本来6コードを検討対象とすべきところであるが、紙幅の関係から以下では、上記③④⑤の私立大学版ガバナンス・コードに議論を限定する。これら3コードは、その全てが個別大学によって利用されており、その意味で、私立学校法を補完するソフトローとして現実に機能しているものである [17]。しかし、それぞれのコードのあり方や教学ガバナンスへの向き合い方には、相当程度の違いがある。そこで、以下ではまず、この3つのコードの概要を述べる。

（2）　日本私立大学協会「日本私立大学協会憲章　私立大学版ガバナンス・コード＜第１版＞」

　日本私立大学協会版のコード（以下「私大協会コード」という。）は、まず「本ガバナンス・コードは、学校法人（私立大学）の運営上の基本を示したものであり、加盟校は各々の大学の実情に応じて実行できる箇所についての条項を活用して、それぞれの大学版ガバナンス・コードを制定・公表するための指針である。」と位置づけられていることに特徴がある。そこでは、

(1) 私立大学の自主性・自律性（特色ある運営）の尊重…建学の精神等

(2) 安定性・継続性…学校法人運営の基本（権限・役割の明確化）

(3) 教学ガバナンス…学長の責務、権限・役割の明確化

(4) 公共性・信頼性…ステークホルダーとの関係

(5) 透明性の確保…情報公開等

の５つの原則について、「○○をします」といった宣言文形式のコードが用意されており、各学校法人は、空欄を埋め、それぞれ変更を加える等によって各大学版ガバナンス・コードを宣言するということになる。換言すれば、私大協会コードは Comply or Explain 型のチェックリストではなく、各大学が自らのガバナンスの形を公表するための雛形といえる。

　内容面では、学校法人のガバナンスに係る原則が多くを占めるが、教学事項にも若干の踏みこみがある。教学が担う教育研究活動については、原則４配下で「4-1 学生に対して」として、「３つの方針（ポリシー）を明確にし、入学から卒業に至る学びの道筋をより具体的に明確にします。」としている。教学マネジメント組織に係るガバナンスについては、原則３が充てられており、「3-1 学長」と「3-2 教授会」の２項目が立てられている。

（3）　日本私立大学連盟「日本私立大学連盟私立大学ガバナンス・コード【第１版】」

　日本私立大学連盟版のコード（以下「私大連コード」という。）は、まず「会員法人の自主性と私立大学の多様性を踏まえつつ、大学改革を推進する上

で指針となる」ものとして位置づけられており、「基本原則」「遵守原則」「重点事項」「実施項目」の４層から構成される。このうち、前２者が私大連への報告義務が課されている遵守すべき内容であり、重点事項は遵守原則の遵守状況の判断指針、実施項目は重点事項を達成するための具体的項目とされている。その上で、「会員法人の自主性並びに多様性の担保の観点から、本コードに定める『重点事項』や『実施項目』以外の方策等により『基本原則』及び『遵守原則』を遵守することを妨げない。ただし、その場合には、会員法人は、当法人に対し、その内容を報告するものとする。」とされ、Comply or Explain モデルが採用されている (18)。

　内容面では、以下の４つの基本原則の下に、遵守原則以下が配置されている。

(1) 自律性の確保

(2) 公共性の確保

(3) 信頼性・透明性の確保

(4) 継続性の確保

そのほとんどは、学校法人ガバナンスに係るものであって、教学ガバナンスに係る事項については、かなり抑制的な若干の既述が見られる他は、ほとんど言及がないという特徴がある。

（4）　大学監査協会「大学ガバナンスコード」

　大学監査協会版のコード（以下「監査協会コード」という。）は、その位置づけについて、次のように述べる。「本コードの役割は、次の３点にある。第１に、本コードは、大学ガバナンスに係る主要課題を提示するものである。各大学には、この主要課題について対応を行っているかのチェックリストとして、本コードを利用することが期待される。」「第２に、本コードの提示する主要課題のいくつかについては、法律上一義的な対応が求められているとはいえないが、多くの大学の経験からみて、現時点において標準的と思われる対応を示したものがある。この標準的対応は、各大学がこれに準拠し

て同様の対応を行っている場合（comply）には、特段の理由の提示を必要
としないが、これと異なる対応をする場合には、その理由を検討することが
必要なものといえる。」「第3に、本コードに含まれる標準的対応と異なる選
択をした大学には、当該選択の理由及び選択した他の対応を公表し、説明
すること（explain）が期待される。本コードの第1及び第2の役割との関係
で、comply が行われていない場合には、ステークホルダーが当該大学のガ
バナンスのあり方を判断するための資料として、この説明を必要とすると考
えられるからである。」

　ただし、監査協会コードは、会員法人に対する報告義務を課さず、チェッ
クリストとして利用した法人による自主的公表を支援するとしている。大学
監査協会の会員である学校法人の全ては、私大協会又は私大連の会員でも
あるが、この対応によって、会員法人に対する二重チェックの負担を回避す
ることが可能となっているといえる。

　監査協会コードは「基本原則」「原則」「補充原則」の3層からなり、内
容面では、次の5つの基本原則から構成されている。

(1) 大学設置法人として、設置大学の目的を達成するに必要な環境の整備

(2) ステークホルダーとの適切な協働

(3) 適切な情報開示と透明性の確保

(4) 理事会等の責務

(5) 学長等の責務

　監査協会コードも基本的には、学校法人に係るものであるが、他の2コー
ドよりも、教学ガバナンスに多く言及するという特徴がある。

3　大学ガバナンス・コードの教学ガバナンスへの影響

(1)　2元的法規制から見た教学ガバナンスの課題

　冒頭で述べたように、国法は大学設置主体と大学自体（いわゆる「教学」）

を相対的に分離する二元構造を採用しているが、大学ガバナンス・コードは、基本的に前者に係るものであって、後者を直接規律することを目的としてはいない。しかし、同コードが全く教学ガバナンスに影響を与えないものと判断するのは早計である。

　そもそも教学については、教育研究活動自体と教学マネジメント組織に係る問題を相対的に区分して検討する必要がある。教育研究活動は、日本国憲法を頂点とする教育法体系による規律と、その下での「大学の自治」が強く指向されてきた領域である。しかし、これまでも、自己点検評価と第三者認証を通じた質保証が図られ、2004年以降は法律上の義務となっているほか、2017年にはいわゆる3ポリシーの策定と公開が法律上義務づけられており、既に一定の公法的規律がなされている。この意味で、全ての大学ガバナンス・コードが、教育研究活動自体を直接規律せず、既に行われている活動について、確認的に言及するに留めている（私大協会コードが3つのポリシーに言及するのは、その典型例である。）のは、合理的な判断であるといえよう。

　これに対して、教学マネジメント組織を巡る教学ガバナンスについては、国内の多くの大学が学校教育法上の「常例」である学部を置いて教育研究上の基本組織としているものの、その内実や運用については、まさに大学の歴史や慣習による差が大きく、必ずしも、大学の目標等から演繹される制度として合理的に設計されてきたとはいえない、という課題がある。たとえば、学校教育法92条3〜5項は、「学長は、校務をつかさどり、所属職員を統督する」「副学長は、学長を助け、命を受けて校務をつかさどる」「学部長は、学部に関する校務をつかさどる」と規定することから、教学ガバナンスの観点からは、これら校務をつかさどる者の権限配分と権限行使のための手続が明確化されていることが必要であるが、実際には、全学的な意思決定と学部等の部局の意思決定との関係が不明確であるために、空白や重複が生じるということが、しばしば生じている。とりわけ、日本における伝統的な大学モデルの1つである「学部連邦制型大学」では、大学は学部からなる

連邦であって、学長は決して大きくない連邦直轄地（たとえば中央図書館や
ITセンター）を「つかさどる」以外は、連邦構成主体である学部間の利害
調整が主たる役割となる傾向が強い。もとより、そのような教学ガバナンス
を「古い」「既得権益保護的」といったラベリングの下に一律に否定すると
いう乱暴な議論は否定すべきであるが、学部教授会を背景とする学部長間
あるいは学長との関係調整にあまりに多くのコストを必要としたり、大学
全体の資源最適化に困難を招き、教育研究に支障が生じたりするようであ
れば、その問題構造を明確化し、教学ガバナンス改革を行うべきである[19]。
ただし、ここで生じるのが、権限配分や権限行使手続の不明確な状態自体
が一種の慣習法化しており、問題構造を明確化しようとする試み自体が困
難となるという次なる問題である。

　そこで、このような教学マネジメント組織を巡る教学ガバナンス上の課題
については、いわば「外圧」による解決が考えられることになる。ただし、
各大学はそれぞれの強みとする教育研究によって社会に貢献することを任
務としており、もって各大学の自治・自律が極めて重要であることに鑑みれ
ば、単一の教学ガバナンスモデルを全ての大学に適用すること、とりわけ国
法等のハードローによる強制は、全く不適切であることは言うまでもない。
すると、ここにおいて、大学ガバナンス・コードへの対応をもって教学ガバ
ナンス改革の端緒とするという考え方が導かれることになるのである。

　そこで次では、この考え方との関係で、3つのコードの特徴を検討してみ
よう。

（2）　教学ガバナンス改革の端緒としてみた3つのコード

①　私大協会コード

　私大協会コードは、原則3を「教学ガバナンス」に充て、教学組織に係
るガバナンスを明示的にコード内に取り込んでおり、その冒頭で「学長の任
免は、○○規程に基づき、『理事会が行う』とあり、○○規程において、『学
長は、理事長の命を受けて大学教学運営を統括し、所属教職員を統督する。』

としています。私立学校法において『理事会は、学校法人の業務を決する』とありますが、理事会は、理事会の権限の一部を学長に委任しています。理事会及び理事長は、大学の目的を達成するための各種政策の意思決定、副学長、学部長等の任命、教員採用等については、学長の意向が十分に反映されるように努めます。」というコードを示している。

　ここでは、私立学校法と学校教育法の二元構造を前提とした上で、学長の学校教育法上の権限について理事会の委任に基づくとすると共に、理事会及び理事長について「学長の意向が十分に反映されるように努める」責務を宣言させることで、両法を運用レベルで整合的に説明することが企図されていると理解できよう。

　また、「3-1 学長」では、学長の上記役割等を学長の責務の形で宣言し直し上で、副学長及び学部長の両者につき学内規程を示して、学長補佐体制の中に位置付けると共に、校務をつかさどるものとしている。また「3-2 教授会」では、教授会審議事項の規定上の根拠を示す一方で、学校教育法93条に言及し、学長の判断が教授会の審議結果に拘束されない旨を述べている。

　以上から、私大協会コードにおいては、国法上の定めから一歩踏み込んだ形で、教学ガバナンスについて定められていることが理解される。学校教育法上、副学長については「学長を助け」（92条4項）との文言があるが、学部長についてはこれがないにも関わらず、私大協会コード3-2(2) ②が、学部長についても「学長を補佐し」との文言を含むコードを提示するのは、その典型である。もとより、私大協会コードは雛形であって、各大学が修正することを前提としているとはいえ、教学ガバナンスの実体法的側面について、一定の方向性を示していることは、私大協会コードの大きな特徴といえる。

②　私大連コード

　私大連コードは、教学ガバナンスに係る必要最小限の言及のみを行い、かつ、教学ガバナンスの内実には踏み込まないという自己抑制を行う点に特徴

がある。具体的には、まず、原則1配下の実施項目1-1に「①中長期計画の策定に当たり、教学関連及び経営関連項目ごとに素案の策定主体、計画期間、意見聴取方法及び意見の反映方法をあらかじめ決定する」「③中長期計画の策定に当たり、教学関連及び経営関連項目ごとに素案の策定主体、計画期間、意見聴取方法及び意見の反映方法をあらかじめ決定する」として、学校法人が定める中長期計画には、教学事項が含まれることを示している。ただし、そもそも学校法人に中期計画策定を求める私立学校法は、文部科学大臣所轄法人（大学を設置する学校法人はこれに該当）について、学校教育法が求める認証評価結果を踏まえることを義務づけていることから、上記実施項目は法令由来の弱い言及といえる。また、原則4「継続性の確保」中遵守原則4-1において「会員法人は、私立大学の教育研究活動の継続性を実現するため、大学運営に係る諸制度を実質的に機能させ、自律的な大学運営に努める。」として、教学マネジメント組織を含む諸制度のあり方についてコード化し、さらに配下の実施項目4-1では「① 政策を策定、管理する責任者（理事長、常務理事、学長をはじめとする理事等）の権限と責任を明確化する」「⑥ 教学組織と法人組織の役割・権限・責任を明確化する」として、学長及び教学組織についても、役割、権限と責任の明確化を述べているが、その明確化のあり方については、コード化せず各大学に委ねている。

③　監査協会コード

　監査協会コードは、手続的観点を中心として、相当程度教学ガバナンスについて踏み込んだ定めをしていることに特徴がある。これは、同コードがその基本原則1で「学校法人とその設置大学は、大学における教育及び研究の特性尊重から、法律上、設置者と被設置組織という関係にあるものとされているが、その持続的成長によって社会の発展に寄与し続けることを担保する、実効的な協働関係を構築することに努めるべきである。」として、学校法人組織と教学組織の協働をコードの重要な視点としていることに由来する。結果として同コードは、私立学校法と学校教育法の二元構造を前

提とした上で、学長の学校教育法上の権限について理事会の委任に基づくという理解に基づいて詳細を定めるという点で、私大協会コードと共通している。

　しかし、監査協会コードは、手続的観点を中心として、学長等の校務をつかさどる者の責務を各論的に列挙し、チェックを求めるという構造を採用している点で、私大協会コードとは大きく異なる。たとえば、原則5-1「学長の責務(1)」が「学長は、校務をつかさどる者として、常に自らがつかさどる校務の範囲を明確化するように務め、その状況を理事会に報告すべきであり、かつ、校務をつかさどるために必要な権限及び手続が不明確である場合には、主体的に、理事会に対してこれを明確化するように求めるべきである。また、学長は、学校教育法に基づき限定的に校務をつかさどる副学長（92条4項）及び学部長（同条5項）等との間で、常に権限及び手続を明確化するように努めるべきである。」としていることは、その典型である。また、原則5-4「学長の責務(4)」が「学長は、教育研究を直接担う教員からなる教授会等については、自らの諮問機関とし位置づけられていることに鑑み、自らが有する校務をつかさどる権限を行使するための手続の中に、明確にその役割を位置づけるよう努めるべきである。この際、大学の持続的な成長と中長期的な大学価値の創出のためには、教育の質保証が不可欠であることに、特に留意すべきである。また、教授会等が述べた意見と異なる形で、学長が校務をつかさどる権限を行使した場合には、可能な限り実質的な理由を教授会等に対して説明すべきである。」としていることも同様に評価できよう。

（3）教学マネジメントにおける大学ガバナンス・コードの位置付け

　以上見たように、同じ私立大学版ガバナンス・コードであっても、3コードは、教学マネジメント組織や教学ガバナンスへの向き合い方が大きく異なる。一言でいえば、私大連コードはほぼ言及せず、私大協会コードは特定の実体的規律を指向する内容を含み、監査協会コードは手続的視点からか

なりの程度細分化された論点の提示と言及を行うという違いが認められる。

　もっとも、このような違いに対して、私立大学版ガバナンス・コードとして、いずれが適切であるか、あるいは教学マネジメントのツールとしていずれが有用かという問いを立てることは無意味である。なぜならば、その答えは、コードに何を求めるかによって、大きく左右されるからである。現状の３コードを前提として考えるならば、私立大学版ガバナンス・コードをもっぱら学校法人に係るコードとして位置付けて、教学マネジメント組織に係るガバナンスを切り離し、これは別の枠組みでチェック及び担保すべきと考えるならば私大連コードが最適であろうし、副学長や学部長を学長補佐職と位置づけるタイプの教学マネジメント組織改革には、私大協会コードが１つのモデルを提示している。また、教学ガバナンス改革とりわけ教学マネジメント組織改革の端緒として積極的にコードを用いようとするならば、監査協会コードの各論的論点リストが有意義であろう。

　換言すれば、既存の３コードは、各学校法人及び設置大学が、教学マネジメントにおいて大学ガバナンス・コードをどのように位置づけて用いるか（あるいは用いないか）について、相当程度広い選択の余地を示していると言えるのである。そして、ここにおいて重要なのは、３コード利用は排他的な関係にあるのではなく、各学校法人及び設置大学が重ねて利用することも可能であるということである。私大協会コードと私大連コードは、原則として会員法人の利用を前提としているが、内容的にそれぞれチェックリストとして利用することは可能であり、監査協会コードは、そもそも私大協会又は私大連と重複加入している学校法人による利用を念頭に置いて策定されているものである。

　大学ガバナンス・コードの主たる対象は学校法人であるが、その役割が大学を設置することである以上、学校法人組織と教学組織は相対的に分離されつつも、連動せざるをえない。各学校法人及び設置大学は、上記の点を踏まえて、また各コードの特徴を踏まえて利用することにより、教学マネジメント組織のガバナンス強化や教学マネジメント改革等にも、これらを活

用できることになろう。

おわりに

　本章においては、大学設置法人と大学そのものを相対的に分離する日本法の下で、大学ガバナンス・コードは主として大学設置法人のガバナンスに係るものであるが、教学ガバナンスについても無関係ではないこと、3つの私立大学版ガバナンス・コードは、それぞれに異なる教学ガバナンスへの射程をもっており、それを理解した上でのコード利用がなされ得ることが明らかとなった。

　他方で、教育研究活動そのものに係る教学ガバナンスについては、既存の大学ガバナンス・コードは、いずれもその対象外としているが、これをも対象に含めるべきかどうかについては、おそらくコード改訂等に際して大きな論点となろう。残された課題として、他日を期したい[20]。

---

(1)　筆者は、中央大学副学長として教育開発を担当し、また、一般社団法人大学監査協会企画委員会及び大学ガバナンス委員会（後にガバナンス分科会）の委員として同協会の「大学ガバナンスコード」の起草を担当したが、本稿は個人として執筆したものであり、本稿における見解は、上記2組織を代表するものではない。

(2)　本稿では、構造改革特別区域法（平成14年法律189号）上の株式会社（学校設置会社）立大学制度については言及しない。

(3)　国立大学法人法（平成15年法律112号）及び地方独立行政法人法（平成15年法律118号）による。

(4)　ただし、公立大学法人については、国法が大枠を規定し、詳細についてはこれを設置する地方公共団体が定める定款に委ねる方式が採用されている。たとえば、公立大学法人に置かれる経営審議機関については、「定款の定めるところにより」（地方独立行政法人法76条1項）と規定し、法律上は構成員も「理事長、副理事長その他の者」（同条2項）としか定められていないが、国立大学法人の経営協議会については、国立大学法人法20条において、委員構成や権限等の詳細についても法定されている。

(5)　私立学校法（昭和24年法律270号）1条。

(6)　私立学校法制定時の国会審議において、政府は、学校法人制度の設計について「学校法人の自治的に（ママ）方法による公共性の高揚」「自治的方法によって学校法人の公共性を高めようとした」等の説明を行っている。たとえば、昭和24年11月22日参議院文部委員会における久保田藤麿政府委員の発言については、以下を参照。https://kokkai.ndl.go.jp/txt/100615115X00519491122/29（最終確認2022年12月4日。以下URLの確認については、全て同じ）。

(7)　2004 年7月 14 日、酒田短期大学を設置していた学校法人瑞穂学園に対する解散命令が発出された。これは、文部科学大臣による初めての解散命令であった。また、2013 年3月 28 日には、創造学園大学を設置していた学校法人堀越学園に対しても、文部科学大臣から解散命令が発出されている。

(8)　令和元年法律 11 号。

(9)　大学ガバナンス・コードをめぐる論稿としては、次のようなものがある。猿山義広「大学ガバナンス・コードの比較」駒大経営研究 53 巻3・4号 97 頁（2022 年）、川島いずみ「学校法人ガバナンスをめぐる法的課題 (5) 学校法人ガバナンスの強化と大学ガバナンス・コードの活用」法律時報 94 巻1号 104 頁（2022 年）、福島真司「IR と監事監査に関する一考察：大学ガバナンス・コードと私立大学法の改正を巡って」エンロールメント・マネジメントと IR 第2号 51 頁（2021 年）、古庄修「私立大学版ガバナンス・コードの策定と事業報告書の変容」産業経理 79 巻4号 17 頁（2021 年）、川島いずみ「大学法人ガバナンスの現状と課題 (5) 私立大学ガバナンス・コードの現状と課題」法律時報 92 巻5号 144 頁（2020 年）、上杉道世「私立大学のガバナンス改革－適正な法人運営を目指して」大学マネジメント 15 巻9号 19 頁（2019 年）。また、現代の高等教育 626 号（2020 年 12 月）は、「ガバナンス・コードとは」という特集号であり、以下の論稿が掲載されている。大崎仁「大学のガバナンス・コードとは」4頁、両角亜希子「大学ガバナンス・コードとは何か」11 頁、大西隆「国立大学ガバナンス・コードの功罪」17 頁、渡部直樹「ガバナンス・コードが日本の私立大学にもたらす影響：その役割と意義」23 頁、山崎光悦、半井野浩明「国立大学ガバナンス・コードの制定について」28 頁、郭洋春「『私大連版ガバナンス・コード』の策定とその目指すもの」33 頁、水戸英則「私立大学版ガバナンス・コードの策定とその経緯について」38 頁、北城格太郎「企業人から見た大学のガバナンス・コード」42 頁、野村修也「会社法から見た大学ガバナンス」47 頁、松坂浩史「2019 年（令和元年）私立学校法改正とガバナンス改革」52 頁。

(10)　https://www.janu.jp/wp/wp-content/uploads/2021/03/20200331-wnew-governance.pdf

(11)　https://www.janu.jp/wp/wp-content/uploads/2022/03/20220331-wnew-governance.pdf

(12)　http://www.kodaikyo.or.jp/wordpress/wp-content/uploads/2019/06/srks_v2.pdf

(13)　https://www.shidaikyo.or.jp/apuji/pdf/201907_apuj_gc.pdf

(14)　https://www.shidairen.or.jp/files/user/shidairen_governance_code.pdf

(15)　http://j-uaa.jp/about/disclosure/governance_code20190711.pdf

(16)　https://tandai.or.jp/manage/wp-content/uploads/ ガバナンス・コード / 第1版 _ 私立大学・短期大学版ガバナンス・コード（20200116）.pdf

(17)　日本私立大学協会と日本私立大学連盟それぞれのコードは、主としてその加盟学校法人によって用いられている。大学監査協会の会員である学校法人は、これらのいずれかの会員でもあることから利用は少ないが、学校法人北里研究所（北里大学）がそのコードを利用している。https://www.kitasato.ac.jp/jp/about/activities/pugovernance_code.html

(18)　ただし、基本原則及び遵守原則を遵守できていない場合については、経過措置的に理由の説明は求めないとされ、この点で Explain 義務が緩和されているほか、会員法人の遵守状況については私大連から社会に公表するのではなく、会員法人による積極的公開を求めるものとなっている。

(19)　この点については、佐藤信行「教員の視点から見た大学部局マネジメント：学部連邦制モデルと大学中央集権モデルの視点からみた学部長」大学マネジメント 14 巻3号 32 頁参照。

(20)　大学監査協会は、筆者もその起案者の一人である『教学ガバナンスに関する報告書』（2020 年3月5日）において、「大学設置基準や認証評価基準は、(1) 達成すべき最小限度の目標設定を中心とすること、(2) その目標設定も、「施設、編成その他」に関する「必要な最低の基準」（大学設置基準）や「教育及び研究、組織及び運営並びに施設及び設備」の「総合的な状況について」認証評価機関が行う評価の基準としてなされていること、等から、教学ガバナンスという目的からみた場合には不十分な点が残っており、これらを満たしても、教育研究機関としての大学のガバナンス確立が担保されるとはいえないという課題が残る。」との問題意識を提示して、教育研究活動そのものに係る教学ガバナンスの「ステークホルダー」と「場面分析」を行っている。

Ⅵ　教学マネジメント体制と IR の役割

高田 英一
Takata Eiichi

はじめに

　日本におけるIRは、IRに関する研究・実践が行われ始めた 2000 年前後から 20 年以上、IRが政策的に促進され始めた 2010 年前後から 10 年以上、IRの研究者や現場の担当者によってそのあり方が模索され、課題の改善や充実が図られてきた。その成果は多くの先行研究で明らかにされているが、IRの活動環境に関する課題は、IRの現場の担当者レベルでは改善が困難であった。また、文部科学省の「学士課程教育の構築に向けて」等の答申も、IRの機能の重要性に着目している [1] が、その課題や解決策についてはほとんど触れていなかった。

　この点、「教学マネジメント指針」((中央教育審議会大学分科会、令和 2 年 1 月 22 日) 以下、指針) は、教学マネジメントの取組における教学IRの役割の重要性を示すとともに、教学マネジメントの確立に主たる責任を負う学長・副学長、学部長を「本指針を参照することが最も強く望まれる者」(6 頁) として、教学IR活動の環境整備の必要性を提言しており、今後のIRの課題の改善と充実に大きな意義があると思われる。

　以下、本章では、指針に述べられたIRの役割に関して論ずる。

　指針は、「教学マネジメント」を「大学がその教育目的を達成するために行う管理運営」と定義 (2 頁) するとともに、教学マネジメントがシス

テムとして確立した大学運営を「三つの方針（特に「卒業認定・学位授与の方針」及び「教育課程編成・実施の方針」）に基づき、学修者本位の教育の実現を図るための教育改善に取り組みつつ、社会に対する説明責任を果たしていく大学運営」（4 頁）としている。一方で、指針は「教学マネジメント体制」は定義していないため、本稿では、指針が教学マネジメントに関する取組のために提言している体制・手順を「教学マネジメント体制」とする。

　また、指針は、IRについては、「大学も組織である以上、経営や教育、外部評価といった様々なミッションに対応するため、それぞれのミッションに応じた情報の収集・分析（インスティテューショナル・リサーチ（IR））が必須」（33 頁）と指摘して、教学IRを、FD・SDとともに「教学マネジメントを支える基盤」の一つ（31 頁）に位置付けている。IRは多義的な概念であり、一貫した厳密な定義は存在しないが、本稿では、指針の教学IRの役割に関する説明「大学全体の関係者、とりわけマネジメント層が教学改革について正しい判断を行うために必要なデータを収集・分析し、一定の目標達成に資する情報として提供すること」（33 頁）を定義として採用する。

　以下では、まず、教学マネジメントの基礎となる大学ガバナンスの在り方とIRの関係を見る。次に、「Ⅳ　教学マネジメントを支える基盤」で指摘されている教学IRの基本的な在り方を検討する。その上で、具体的な取組（Ⅰ～Ⅲ、Ⅴ）を実施するために、指針で示されている体制・手順と、その体制・手順を支援するIRの具体的な役割を述べる。

1　教学マネジメントの確立のための大学ガバナンスの在り方とＩＲの役割

（1）　大学ガバナンスの在り方

　指針は、教学マネジメントの確立に向けた取組を進めていく上で、学長

のリーダーシップのもと、最低限意識する必要がある大学ガバナンスの在り方として、以下を指摘している。

①　学部等横断的な共通基盤の形成と各レベルの取組間の整合性の確保等（9頁）

指針は、学部等横断的な共通基盤を作ること、大学全体レベル・学位プログラムレベル・授業科目レベルの取組間の整合性を確保し、必要な指示や報告、情報が円滑にやりとりされる環境を構築することを提言している。また、各組織の責任者、指揮命令系統、所掌・権限・責任の明確化と規則等の制定を通じた担保を提言している。

②　学長等の補佐体制の整備（9-10頁）

指針は、学長を補佐するために、「副学長、学長補佐、学長室スタッフ等の形で各部局の事情に通じた教職員を執行部に加える等学長の意思決定をサポートする体制の強化」、また、「大学全体の予算、人事、組織改編の調整権を持ち、学長を統括的に補佐する副学長（総括副学長）等の設置」、さらに、「高度専門職の安定的な採用・育成、事務職員の高度化による教職協働の実現、全学的な会議体の活用、IRの充実等」を提言している。学位プログラムレベルでも、同様の指摘がある。

③　関係者の主体的な参加の促進（45頁）

指針は、安定的・継続的な「教学マネジメント」の取組を確保する観点から、「特定の個人のみに依存するのではなく、関係者の主体性に基づく参画を広く得ることを目指していくことも重要」（45頁）と指摘し、「教学マネジメントの確立に向けた丁寧なコミュニケーションを行うこと」を指摘している。この点、学部・学科等に関しても、同様の指摘をしている。

(2)　大学ガバナンスに関するIRの役割

これらの大学ガバナンスに関する取組の上で、IRが期待される役割としては、以下が考えられる。

①　学内組織、所掌等の共通基盤の整備の支援

　階層構造や多様な組織文化、活動分野等の大学の組織の特徴のため、学内組織、所掌等の共通基盤の整備だけでは、取組間の整合性が確保され、必要な指示や報告、情報が円滑にやりとりされる環境の実現は難しい。このため、IRとしては、データの提供や共有の促進を通じて、取組間の整合性の確保や情報の流通を支援する役割が求められる。なお、後述（2（1））するように、IRの安定的・継続的な活動の担保の観点から、規則・規定等の制定は必須である。

②　学長等の補佐体制の支援

　IRとしては、学長等の補佐の実質化のため、データの提供等の支援を行うが、踏まえるべきは学長等の補佐体制を構成する個人のニーズではないことに留意すべきである。IRの役割は、上記の「大学全体の関係者、とりわけマネジメント層が教学改革について正しい判断を行うために必要なデータを収集・分析し、一定の目標達成に資する情報として提供すること」（再掲、33頁）であるが、その目標は大学の組織としての正しい判断であり、その対象は大学の組織のマネジメント層だからである。

③　関係者の主体的な参加の支援

　先に述べた組織の特徴のため、大学は構成員間のコミュニケーションが取りにくく、教学マネジメントの関係者の主体的な参加を図ることも難しい状況にある。このため、IRとしては、教学マネジメントに関する「共通言語」としてのデータの提供を通じて、関係者間のコミュニケーションを支援することが求められる。また、教学マネジメントは個人的な知見に基づいて語られることも多いことから、教学マネジメントに関するデータの学内公開を通じて、コミュニケーションの前提である知見の共通を図ることも考えられる。

2　教学マネジメント体制における
　　教学IR活動の環境整備の在り方

　以下では、指針のⅣに示された教学IRを実施する上で必要となる制度の整備等の在り方について、取組のレベルごとに検討を行う。

(1)　大学全体レベル

　指針は、「教学IRの重要性や果たすべき役割について学長・副学長等大学全体のマネジメント層が理解し、学内で教学IR活動を行う上で必要な体制、仕組み、情報環境等を整える必要がある。」(35頁)、また、「教学IRに必要となる学内の各種データは、教学IRの目的に照らして体系的かつ効率的に収集・分析される必要がある。」とした上で、「部局を超えてデータを円滑に収集することを可能とする規定や、データの適切な取扱に関する定め等の学内規定等の整備と、これらに基づき教学IRを実施していく運用の確立が必要」(以上、35頁)と、教学IR活動の環境整備の必要性を指摘している。

　指針が指摘する課題は、多くの先行研究（岡田・鳥居、2019 等）やIR担当者へのアンケート調査（高田他、2012 等）において指摘されている課題であり、現場のIRの担当者レベルでは解決しがたい課題であった。指針がマネジメント層に向けて教学IR活動の環境整備を提言したことは、IRの安定的・継続的な取組の維持・充実の観点から意義が大きい。この点、IRの担当者においては、環境整備の不十分な状況に対応するため、学内の個人的な人間関係を利用して、データ収集に努めている事例もあり、このような工夫も職務上のコツと見なされてきた。確かにこのような工夫の意義は大きいが、個人的な工夫への適度な依存は、組織的な取組としては本来適切とはいいがたいであろう。

　また、指針の「学内規定等の整備」と「運用の確立」の提言は、内部質保証の安定的・継続的な機能の確保の観点から、第3巡目の機関別認証評価において認証評価機関が内部質保証の体制・手順に関する規定の整備と運用の

実態を重視していることと共通する方向であり、これまで属人的な要素の影響が大きかった大学運営に組織的な経営の変化を求めるものと言えよう。

　なお、指針では、教学IRにかける経営資源が少ない大学の存在を踏まえつつ、「外部の機関の活用や大学間連携を通じて、教学IRのみならず専門スタッフの育成を活性化するとともに、教学IRに関わる事務を共同処理することが期待される。」（35頁）と提言している。現在活動中の日本インスティテューショナル・リサーチ協会、大学情報・機関調査研究会、大学評価コンソーシアム等のIR関係の団体、研究会の活動の発展が求められる。

（2）　学位プログラムレベル及び授業科目レベル

　指針は、「教学IRは、（略）学位プログラム単位で必要な情報を整理し、データの収集等にあたっては重複等がないようにすることが必要」（36頁）と指摘している。また、そのために、学部長等に関して、「学位プログラムレベルでの教育改善という最終的な目標を達成する上で重点的に把握・可視化すべき学修成果は何か、どのような分析を加えて欲しいのかといった要望」を教学IR部門に伝える必要性（37頁）を指摘している。また、授業科目レベルも、同様（38頁）に指摘している。

　教学ＩＲとしては、学部長等の要望があいまいな場合、過度に広範囲のデータ収集を行うこととなり、結果として収集したデータの大部分が活用されないという非効率な事態と学内の業務負担への反感を招くおそれもある。教学ＩＲを効率的に機能させる観点から、学部長等は明確な要望を教学ＩＲに示す必要がある。とはいえ、学部長等にも課題の認識が明確でなく、明確な要望を示せない場合も想定される。このため、教学ＩＲとしては、学部長等の要望にデータを提供して終わりではなく、提供したデータに基づく学部長等の検討を求め、それに基づく新たなデータ要望、さらなるデータ提供という双方向のプロセスを繰り返すことでデータの質の向上を図る「情報支援サークル」（McLaughlin, G. W. & Howard, R. D. 2004）を通じて、IRとしての内部質保証を機能させることが望まれる。

3　教学マネジメントに関する取組ごとの体制と IRの役割

　以下では、指針の指摘する教学マネジメントに関する取組（Ⅳを除く）ごとに、提言されている教学マネジメント体制とそれに関するIRの役割を述べる。

(1)　「Ⅰ『三つの方針』を通じた学修目標の具体化」について
①　教学マネジメント体制に関する指摘

　全学レベルに関しては、指針は、「大学教育の成果を学位プログラム共通の考え方やルーブリック等の尺度（アセスメントプラン）に則って点検・評価を行うことが必要」とした上で、「点検・評価の目的、達成すべき質的水準及び具体的実施方法（学修成果・教育成果の把握・可視化や教学IRの活用の観点を含む）等について、三つの方針の内容に則してあらかじめ定めておく必要がある。」（以上、14頁）と指摘している。また、「副学長等を中心に各学位プログラムの構築に携わる者を含む体制を整えた上で、(中略)事前に確認を行うことが期待される。」（12頁）と指摘しており、副学長等を中心として、各学位プログラムの構築に携わる者を含む各学位プログラムの確認体制の構築を提言している。

　学位プログラムレベルに関して、指針は、「卒業認定・学位授与の方針」は、具体的かつ明確な学修目標であること、定量的又は定性的な根拠に基づき評価可能であること、学修者と社会のニーズに応えていること、を求めている。また、全学レベルと同様、アセスメントプラン等あらかじめ定められた手続に従って、点検・評価を行うことを求めている（13-14頁）。

②　IRの役割
　教学IRとしては、全学レベル、学位プログラムレベルに関しては、アセスメントプランに則って、大学教育の成果の日常的な点検（モニタリング）

や、定期的に掘り下げた分析などの総合的な点検・評価を支援することが考えられる。その際には、「大学の組織・活動並びにその結果や成果を「インプット」、「プロセス」、「アウトプット」、「アウトカム」の別に類別し、大学の目的・目標や諸種の条件・資源の活用を通してパフォーマンスが産出されるまでの道程を一種の計画・見通しとして記したもの」（早田 2021：59 頁）であるロジックモデル（図 1）を踏まえて、「インプット」から「アウトプット」までのプロセスを通じた検証を行うことが考えられる。また、その結果、目的・目標・計画、三つの方針との整合性に問題がある場合には、三つの方針等の妥当性の検証も支援することが考えられる。

　また、学位プログラムレベルに関して、学位授与方針を定める際に、強く求められている客観性を確保するために、学修成果に関する定量的・定性的なデータ、学修者・社会にニーズに関するデータを提供することが考えられる。

【図 1】アセスメントプランとロジックモデルの関係

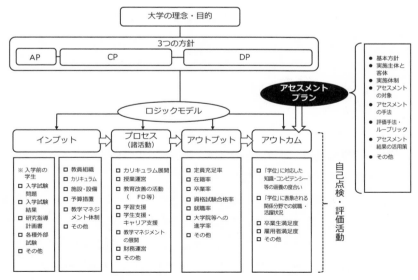

出典）早田（2021）47頁　図1-1-1を基に筆者作成

(2) 「Ⅱ授業科目・教育課程の編成・実施」について

① 教学マネジメント体制に関する指摘

　指針は、大学全体レベルに関しては、「各教職員や専門的なスタッフの主体的な参画を得つつ、大学全体のレベルにおいても組織的に行われる必要」を指摘した上で、「副学長等を中心に各学位プログラムの構築に携わる者を含む体制を整えることが期待される。」（以上、16頁）と指摘している。また、学位プログラムレベルに関しても、同様に、組織的な取組と「学部長等を中心に各教職員や専門的なスタッフを含む体制」(16頁)」の必要性を指摘している。

② IRの役割

　IRとしては、大学全体レベルに関しては、上記の体制において、主体的な参加や各学位プログラム横断的な編成プロセスや内容の確認に必要な情報の情報提供が求められる。従来、IRは定量的なデータを扱うことが多かったが、今後、教学IRとしては、これらの定性的なデータの収集・分析に取り組むことも求められよう。

　また、学位プログラムレベルに関しては、上記の体制において、授業科目・教育課程の編成の段階では、その基礎資料としての学修成果の実績に関するデータの提供、また、実施の段階では、上記のアセスメントプラン等あらかじめ定められた手続に従う日常的な点検（モニタリング）とともに、定期的により掘り下げた分析などの総合的な点検・評価を支援することが考えられる。

(3) 「Ⅲ学修成果・教育成果の把握・可視化」について

① 教学マネジメント体制に関する指摘

　指針は、大学全体レベルに関しては、「副学長等の所掌の整理により責任者を明確化した上で、例えば各組織の代表者からなる委員会を学位プログラムレベルとの連携を前提として構成するなど、学長のリーダーシップの下で教育改善を進めることができる全学的な組織を整備」することを提

言（24頁）している。

　また、学位プログラムレベルに関しては、「同一の名称・到達目標を有する授業科目を複数の教員が分担して開講している場合には、担当教員同士で協議の上、ルーブリックの活用等により成績評価に関し適切に共通理解を構築することが、成績評価の平準化を図る観点から特に重要であることに留意する必要がある。」（24頁）」と指摘している。

　また、授業科目レベルに関しては、「卒業認定・学位授与の方針」に定められた特定の資質・能力と極めて関連性が深い授業科目については、「当該授業科目を直接担当する教員だけではなく教育課程を担当する教員が集団でしっかりとした体制を組み、学位プログラム全体で通用する評価とすることが期待される。（30頁）」と指摘している。

②　IRの役割

　大学全体レベルに関しては、教育改善に学修成果・教育成果に関する情報を生かす観点から、「当該情報に教育改善という目的に照らした加工や分析の付与を行うこと、複数の情報の統合、適切な情報流通経路の確保等が行われることが必要」（22頁）との指摘がある。また、各大学において、「具体的に学修成果・教育成果の把握・可視化に用いることができる情報」について、「自らの強み・特色等を踏まえて設定した大学全体としての教育理念に則し、上記の情報の自主的な策定・開発を計画的に進めていくことが強く期待される。」（以上、24頁）との指摘があり、IRとして、これらの取組を支援する役割が求められる。

　学位プログラムレベル、授業科目レベルに関しては、授業科目の担当教員間での協議と評価を支援するため、学修成果等に関するデータ提供をすることが考えられる。

　これらの教学IRによる教育改善の支援の際には、改善に役に立つデータ、すなわち、課題に関するデータを主に扱う。とはいえ、課題に関するデータばかりでは学内の抵抗を生むおそれもある（出川・福島、2021）。このため、教学マネジメントの取組の推進の際には、併せて、PDCA サイクルの継続的

な機能を目指す内部質保証の考え方の徹底を図ることが望ましい。指針でも、「教学マネジメントに関係するＰＤＣＡサイクルは、課題が存在しないようにすることを目的とする一回限りの営みではなく、むしろ積極的に課題を明らかにして次のサイクルへの改善に結び付ける営みとして理解することにこそ意味がある。」(8頁)、「課題が明らかになったとしても、各大学が真摯に教学マネジメントの確立に取り組み続けること自体を肯定的に捉え、長期的な視点でその取組を評価することが、各大学における教学マネジメントの確立を安定的・継続的に図る上で大きな後押しとなる」(45頁)と、繰り返し指摘している。加えて、リスク管理の観点からも、課題の存在を忌避する姿勢は大きな問題を生じかねず、課題の存在を明らかにして改善に努めることこそがステークホルダーの信頼につながることも学内に周知することが望ましい。

(4) 「Ⅴ情報公表」について

① 教学マネジメント体制に関する指摘

　指針は、大学全体レベルに関して、「情報の収集については、学長のリーダーシップの下、責任を有する組織の特定や教学ＩＲ部門との連携を構築したり、あらかじめ必要な手順を定めるなど適切な体制を整えた上で、必要な情報の収集を行う必要がある。」(43頁)と指摘している。

② ＩＲの役割

　ＩＲとしては、大学全体レベルに関して、指針の「公表する情報は、(中略)大学全体として、また、各情報間で整合性があるように取り扱われる必要があるとともに、学校基本調査等の公開されている情報との整合性にも留意する必要がある。」(43頁)との指摘を踏まえて、各情報間の整合性の確認を支援することが考えられる。

　また、情報の公表の際には、学外者にも理解しやすいように、指針の「統計情報に関してはサンプリング手法や計算方法、定性的な情報に関しても用語の定義や分析の根拠を示すこと」、「類似する大学や学位プログラムとの比較（ベンチマーク）を提示すること」(以上、42頁)の指摘を踏まえ

たデータの分析・加工を支援することも考えられる。

おわりに

　繰り返しになるが、日本でIRに関する研究・実践が行われ始めてから20年以上、各大学のIR担当者は、大学のマネジメントのレベルの課題の改善に苦慮してきた。「教学マネジメント指針」は、教学マネジメント体制との関係で、教学IRの役割の重要性とともに、大学全体や各部局のマネジメント層に対して、教学IR活動の環境整備を提言している点で、今後のIRの取組の充実に大きな意義がある。

　指針は、「この指針は大きな方向性を指し示すものであり、そのまま従う「マニュアル」であることは意図していない。」（5頁）としているが、教学IRの重要性にかんがみ、各大学のマネジメント層においては、教学IR活動の環境整備についての積極的な取組を期待したい。その上で、各大学における最適な教学IRを見出す取組が不断に進められていくことを期待する。

---

(1)　例えば、「グランドデザイン答申」の用語解説において、ＩＲの機能の重要性が指摘されている。
　　ＩＲ（インスティテューショナル・リサーチ）
　　Institutional Research の略。高等教育機関において、機関に関する情報の調査及び分析を実施する機能又は部門。機関情報を一元的に収集、分析することで、機関が計画立案、政策形成、意思決定を円滑に行うことを可能とさせる。また、必要に応じて内外に対し機関情報の提供を行う。

参考文献
・ 岡田有司・鳥居朋子（2019）「教学 ＩＲ において用いられる教育情報のマネジメントに関するプロセスモデル」日本教育工学会論文誌 42(4)、313-322
・ 高田英一、高森智嗣、森雅生（2012）「国立大学におけるインスティテューショナル・リサーチの機能・人・組織等に関する意識と現状：ＩＲ 担当理事に対するアンケート調査結果を基に」大学評価研究、11、111-125
・ 文部科学省（2018）「2040 年に向けた高等教育のグランドデザイン（答申）（中教審第 211 号）」
・ 早田幸政（2021）「内部質保証の背景とその意義」『教学マネジメントと内部質保証の実質化』東信堂、14-51
・ 出川真也、福島真司（2021）「大学ＩＲは組織文化とどう向き合うのか －意思決定支援のための「学習」「リーダーシップ」「参加」をめぐる葛藤と展望－」『エンロールメント・マネジメントとＩＲ』、2、39-50
・ McLaughlin, G. W. & Howard, R. D., "People, Processes, and Managing Data (second edition)", Association for Institutional Research, 2004

Ⅶ 学部をオーナーとする教学マネジメントと質保証システムの提案
教員の授業や学生の学修にインパクトの及ぶ変革に向けて

大森 不二雄
Ohmori Fujio

はじめに

　本章は、約 15 年に及ぶ教学マネジメント・内部質保証政策を振り返り、大学教育の現場に届いて授業や学修にインパクトを及ぼしているかを問うた上で、学部・学科等をオーナーとする変革に向けたシステムへの転換とそのための専門人材の必要性について論じるものである。

1 近年の教学マネジメント・質保証政策を読み解く

　「教学マネジメント」及び「内部質保証」は、近年の大学教育改革の鍵概念となっている。本節では、関連する中央教育審議会（中教審）答申を中心に、教学マネジメント及び質保証に係る政策を振り返り、整理する（大森 2017, 2021, 2022）。

（1）大学教育改革の政策動向を振り返る

　我が国の大学改革は、今世紀初頭には国立大学等の法人化、設置基準・設置認可の規制緩和等のマクロなシステム・レベルの改革が中心であったが、ここ十数年、教育の質保証や学修成果を旗印とした大学「教育」改革にも焦点が当たるようになっている。これは、各大学内の学位プログラム

や授業科目というミクロレベルへの政策関心の拡大をも意味する。

　殊に、2008 年の中教審答申「学士課程教育の構築に向けて」（以下、「学士課程答申」という。）は、「３つの方針（ポリシー）」の明示を求め、参考指針として「学士力」を示すなど、教育プログラムレベルに踏み込んだ改革を迫った。受動的な受講から能動的な学修への質的転換を掲げ、そのための要件として学生の学修時間の増加・確保を求めた 2012 年の中教審答申「新たな未来を築くための大学教育の質的転換に向けて」（以下、「質的転換答申」という。）は、この政策潮流を継続するのみならず、プログラムレベルから授業レベルへと政策の焦点が更に下降するものであった。2018 年の中教審答申「2040 年に向けた高等教育のグランドデザイン」（いわゆる「グランドデザイン答申」）は、この面で特に新味はない。

　また、2020 年に中教審大学分科会が取りまとめた「教学マネジメント指針」は、学士課程答申以来長らく主張されてきた考え方や方策を体系的に整理し直した内容となっており、新機軸を打ち出したり方針転換を図ったりしたものではない。ただし、教学マネジメントについて、「大学がその教育目的を達成するために行う管理運営」との定義を明示し、「大学の内部質保証の確立にも密接に関わる重要な営みである」と述べ、両概念（教学マネジメントと内部質保証）の密接な結び付きを強調している点が注目される。

　こうした政府主導の大学教育改革により、日本では、「教学マネジメント」や「内部質保証」の重視が謳われるようになったものの、両概念に関する理解が進んでいるとは言い難く、大学は文部科学省や評価機関に求められた「業務」として「対応」する傾向にある。いわば現場での実質化が課題となっているのである。

（2）数学マネジメント及び内部質保証のロジック

　２つの答申及び指針からの最重要のメッセージをあえて要約すれば、次のような全体として首尾一貫したロジックに貫かれた教育改善・改革の仕

組みとプロセスであろう。

①学部・学科・専攻等のカリキュラム別に、学生が卒業後の社会で求められる知識・能力等を期待される学修成果として特定し、そうした学修成果を生み出せるよう、教育課程、教授・学修活動、成績評価等を見直し、必要な修正・改善を加え、学位プログラムとして構築し直すこと

②教授・学修活動においては学修時間の増加や能動的学修への転換を重視すること

③学位プログラムの設計・実施・評価・改善のPDCAサイクルを不断に機能させること

④これらを可能にする全学及び学部等の教学マネジメントとガバナンスを確立すること

　このような骨太のロジックを有する統合的な仕組み・プロセスとして、内部質保証システムや教学マネジメントの在り方を理解する必要がある。学生の学修状況の調査、学修到達度のアセスメント・テスト、ルーブリック、ポートフォリオ等の評価ツール、並びに、CAP制、ナンバリング等の小道具は、適切に導入されれば、それぞれ有用・有益であろう。しかし、個々のツールや小道具の幾つかを脈絡もなく導入さえすれば、内部質保証が実現するというものではない。例えばナンバリングが事実上義務化されたと受け止めれば、各大学は、各科目に番号を付し分類することを自己目的化し、対応するだけに終わる。ナンバリング自体が学修の時間増や質の充実に結び付くわけではない。「3つのポリシー」についても、策定すべしと要求されたので作成した（が、教育課程や授業科目の実質を変える気はない）、といったコンプライアンス（規範遵守）対応が少なからぬ大学で見られた。改革の小道具を列挙するだけでは、教学マネジメントや内部質保証の実質化は成し遂げられない。自大学の教育改善全体のストーリーやロジックの一貫性が肝要である。

2　国の政策は大学教育の現場に届いているか

（1）大学教育改革は授業・学修にインパクトを及ぼしているか？

　改革が現場で実質化しているかどうかについては、国も問題意識がない
わけではない。例えば、教学マネジメント指針は、「教学マネジメントの
確立という大きな観点からどのような意味を有するものであるかについ
て、十分理解されることのないまま、個々の取組が、それぞれ関連付けら
れることなく、形式的・受動的に実行されている大学も存在するという厳
しい指摘もなされている」と述べる。

　日本の大学教育全体を見渡すと、残念ながら、現状では学修者本位の教
育が実現しているとは言えない。学修者の学修行動に関する端的なデータ
として授業外学修時間があるが、国立教育政策研究所の調査結果（濱中
2018）等によれば、改善されているとは言い難い。

　学修成果に基づく学位プログラムの内部質保証が機能するためには、全
学及び学部・学科等の両レベルの教学マネジメントは、相互に整合性を持っ
て統合された学内システムを構成する必要がある。そして、教員は、担当
する授業科目で受講生に期待する学修成果を学位プログラムのディプロ
マ・ポリシー中の学修成果に関連付けながら、授業を設計する必要がある。
全学執行部、学位プログラム及びその担い手たる学部・学科等、個々の教
員が担う授業科目、これら3つのレベルが相互にリンクされなければ、大
学教育の内部質保証は絵に描いた餅となる。大学教育が実質化する場は、
各教員による個々の授業実践及び学生の学修活動にほかならないからであ
る。

（2）学部・学科を迂回する限り、教員の授業や学生の学修にインパクトは及ばない

　ところが、この点について、近年の政策言説には問題があると言わざる
を得ない。学士課程答申及び質的転換答申からは、「学部・学科等の縦割
りの教学経営」から「全学的な教学マネジメントの確立」へという課題認

識が看取できる。これは、我が国の大学教育について、概して学部・学科任せの傾向があり、大学全体としての組織的な教育の取組が弱い、という問題意識によるものと言えよう。この問題意識自体は、正鵠を得ている面もある。

　しかし、多くの大学において学位プログラムを担う主体が学部・学科等であるという現実に照らせば、全学レベルのみならず、学部・学科等のレベルにおいても、「教学マネジメント」と「ガバナンス」の確立が必要であることは論を俟たない。また、大学教育改革が、国の政策レベルや全学のポリシー・レベルにとどまらず、教育実践にインパクトをもたらし、実質化するためには、できるだけ多くの教員が改革へのオーナーシップを共有することが肝要である。この点からも、学部・学科等レベルの教学マネジメント及びガバナンスの有用性への認識が必要である（大森 2021）。

　国にも政策が現場に届いていない旨の問題意識は見られる。教学マネジメント指針は、「多くの大学では学内でも個々の教職員まで教学マネジメントという考え方が浸透しているとは言い難い」と率直に認めている。しかし、政策が推奨するのは、あくまで「全学的な教学マネジメント」である。教学マネジメント指針は、「学長のリーダーシップと学長補佐体制の確立等」との小見出しの下に、「学長が強力なリーダーシップを発揮し、全学的な視点の下で教職員一人一人の意欲と能力を最大限引き出していく必要がある」と述べている。学長が各教員を直接リードしていくかのようなイメージで語られている。そして、同指針の次の一節には、全学重視と学部軽視が鮮明に表れている。

　　特に学長は、全学的な教学マネジメントを確立していく中で、全学的な方向性に基づき、
　　・学部等の学内組織の縦割りを超えて、学部等横断的な共通基盤を作ること
　　・「大学全体レベル」「学位プログラムレベル」「授業科目レベル」の

　　　　取組間の整合性を確保し、必要な指示や報告、情報が円滑にやりと
　　　　りされる環境を構築すること
　に十分意を用いなければならない。

　以上の通り、学士課程答申、質的転換答申、そして教学マネジメント指
針と、近年の大学教育改革に関する政策言説には、一貫して、学部・学科
を改革の障害とみなし、迂回して改革を実現しようとする方向性が垣間見
える。誤解を恐れずもっと直截な表現をすれば、学部等を抵抗勢力とみな
して敵視し無力化しようと試みる政策意図があるのではないかと言えば、
言い過ぎであろうか。

3　学部をオーナーとする教育改革に向けた提言

　本節のタイトルは、「学部をオーナーとする教育改革」という表現を使っ
ている。この表現には、大学教育改革が実質化するためには、学部・学科
等や教員がオーナーシップを感じることのできる改革の在り方が必要であ
ろうとの課題認識が込められている。こうした改革は、逆説的ではあるが、
学部任せで自然に実現するものではなく、後述するように大学執行部の役
割が重要である。

（1）改革の実質化のためには、学部・学科は弱体化ではなく活性化すべき

　この小節では、主として大森（2021）に基づき、大学教育改革が現場に
届くために必要な学部等の活性化について論じる。
　日本では、大学のガバナンスやマネジメントは、学長、全学、トップダ
ウン、といったイメージで語られるが、国際的に見れば、全学レベルだけ
に偏って論じられているわけではない。例えば、バートン・クラーク（Clark
1996: 426 - 428）は、欧州の5大学の事例調査に基づき、起業家的／革新
的な大学に共通する特徴として、強化された大学経営の中核のみならず、

学科・専攻や学部・研究科の活性化を挙げた。我が国においても、教育研究を直接担う学部・研究科等をガバナンスやマネジメントの障害とみなすのではなく、その活性化を図る視点が必要ではなかろうか。

　高等教育の質保証について、先進国とみなされる英国においても、学部・学科等の現場では、機械的なチェックリスト方式で手続・基準の遵守状況を点検する等の官僚主義的なルールへの同調と同一視され、創造性や変化への感応の妨げとなってしまっている旨の指摘がある（大森 2014）。日本の場合、認証評価で求められる内部質保証や教学マネジメントのためのポリシー策定等の取組に関し、多くの大学が形式的コンプライアンスのための文書作成業務や会議体設置・開催等として対処している現実があり、教育にイノベーションをもたらすどころか、学部・研究科の活力や教職員の労働時間を奪い、思考を型にはめることを通じ、イノベーションの妨げになっている可能性がある（大森 2022）。

　むしろ逆に、内部質保証や教学マネジメントの取組は、各大学及び各専門分野の個性・特色を活かした教育のイノベーションを促進する積極的な性格のものになるべきである。そのためには、学部・研究科等の教育組織や個々の教職員の新たな試みへのチャレンジを後押しするような前向き志向と柔軟性が重要である。言い換えれば、各大学が学内において涵養すべき質の文化は、減点主義ではなく、加点主義を基本とすべきである。国際比較の視点からも、特に我が国の大学は、戦略経営のダイナミズムに欠けていると見られることが少なくない。教員や教育組織を活性化するような内部質保証を追求すべきである。そうした前向き志向の内部質保証を機能させる教学マネジメントは、「変革のマネジメント」であるとも言えよう。

　研究・教育のイノベーションのためには、大学・学部等・教員いずれもが自律的で多様であると同時に、イノベーティブな存在へと活性化しなければならない。教育の質保証については、政策主導の基準等への同調性を促すだけのコンプライアンス（規範遵守）ではなく、学問の自由に支えられた創造的な教育・研究と大学の自治に支えられた自律的変革による教育

イノベーションを促進するものでなければならない（大森 2017）。

　しかし、教員の自律性は、相互不干渉の個人的営みという従来型の大学ガバナンスの在り方ではなく、緊密な協力と相互支援を伴う真の同僚制と一体のものでなければならない。また、様々な専門分野の組織単位あるいは個々の教員の緩やかな連合体としてのギルド的な大学の在り方は、単にボトムアップに委ねるだけで、イノベーションに不可欠な多様化・国際化を実現してくれるわけではない。

　大学執行部によるリーダーシップに求められる重要な使命の一つは、以上のようにイノベーティブで前向きかつ協働的な組織文化を学内に醸成することである（大森・高橋 2018）。その際、重要な視点は、全学レベルだけではなく、学部・研究科等や教員個々のレベルにおいても、自由な発想と創造性に基づく「大学教育のイノベーション」が促進される環境の創出であり、これを可能にするガバナンスの在り方であろう。

　しかしながら、学生の学修成果の向上に向けて、大学執行部の支援の下に学部・学科等が活性化するような改革、学部をオーナーとする大学教育改革は、以上のような総論だけで自然発生するわけではない。契機となる具体の取組が必要である。以下の2つの小節で提案するのは、そのような取組の試案である。

（2）「DBER」によって学部をオーナーとする内部質保証へ

　本節では、その具体的方法論として、各学問の教育において学修成果向上に効果的な教授法のエビデンスを提供する実践的・実証的研究である「DBER」（ディーバーと読む）に着目する。DBER とは、discipline-based education research の略称である。この用語に定訳は無い。その意味を正確に伝えようとすると、「学問分野に根ざした教育方法の研究」といった説明になるが、短めに「分野別教育方法研究」と訳すこともできよう（ワイマン著／大森他監訳 2021）。

　DBER は、米国学術研究会議の DBER に関する報告書（NRC 2012）等

が詳述するように、（認知科学、教育心理学、脳科学等に基づく）学習科学の知見を採り入れつつ、各学問分野固有の専門性の習得に向けて、（学生がどこでつまずくか、真の理解に到達しているか等）当該分野の専門家しか為し得ない判断を行いながら、知識理解と応用力習得を促す教育方法の実践的かつ実証的研究である。DBER は、北米を中心に、物理学をはじめ、化学、生命科学、地球科学、天文学、工学等、科学・技術諸分野（STEM: Science, Technology, Engineering and Mathematics）で急速に発展している。DBER の概要については、筆者らが設置した日本語 Web サイト（https://dber.jp/）があるので参照されたい。

　なお、日本における DBER 普及のための一助として刊行した訳書（ワイマン著／大森他監訳 2021）の著者カール・ワイマン博士は、2001 年ノーベル物理学賞受賞者であるが、物理学の最前線の研究を進める傍ら、1990 年代から科学教育の変革の実践と実証研究に取り組み、近年の DBER の発展に特筆すべき役割を果たしてきた。

　ワイマン博士は、DBER は人文・社会科学でも有効なはずであると主張してきている。本章の筆者も強く同意する。現に米国等で一部の人文・社会科学系の研究者や大学レベルの取組も始まっている。DBER から得られた知見として、効果的な教授法のエッセンスは、整理すると次のようになろう。まず、予習を課す（例：文献を読ませる）。次に、予習を前提に、授業時間中の学生の学修活動を設計する。そこでは、当該分野の専門家のような思考を実践させる。その際、専門家による即座のフィードバックが重要である。以上は、理系・文系を問わないはずである。

　各分野固有の専門性に根ざした思考様式は、理解の伴わない知識や解法の暗記によっては獲得できない。学問を基盤とする大学教育が目指すべき重要目標の一つは、学生が当該学問分野の専門家のように思考できるようになることである。ところが、教員による一方的講義では、学生にとってそうした思考の実践機会が少ないので、理解の伴わない暗記にとどまり、試験が終われば忘れ去りかねない。これに対し、DBER に基づく授業実践

には、顕著な教育効果が確認されている（大森・斉藤 2018）。例えば、STEM 教育に関する 225 もの研究のメタ分析（Freeman et al. 2014）によると、試験成績・不合格率等どの指標を採っても、伝統的講義形式を大幅に上回る教育効果を示している。

　ところが、日本では DBER という概念は殆ど知られておらず、海外の進歩から大きく後れを取っている（新田 2016）。こうした中、日本学術会議（2020）が「物理学における学問分野に基づく教育研究（DBER）の推進」を提言したことは、注目に値する。

　DBER の実証的・実践的知見に着目した教授法開発に取り組むことにより、学修成果のエビデンスに基づき、学問分野別の教育の質保証を切り拓くことができる。この面でも、学科・専攻や学部・研究科に期待される役割は、極めて大きい。

（3）各学部に DBER 人材を配置して教学マネジメントを実質化する

　DBER の普及のためには、意義を説くだけでは不十分で、具体の方策が必要である。この点で、上記訳書（ワイマン著／大森他監訳 2021）の叙述する「科学教育イニシアチブ」（SEI）という組織的取組が参考になる。SEI は、ワイマン博士の主導により、米国のコロラド大学ボルダー校及びカナダのブリティッシュコロンビア大学の 282 人もの教員が 235 科目の授業で DBER のエビデンスに基づく授業法を採用するに至った取組であり、北米の大規模大学における理系各学科にわたる組織的な教育改革プログラムとしておそらく唯一のものである。

　同書において、ワイマン博士は、ミクロレベルの授業改善の普及如何を左右する決定的要因は、よりマクロな学科等組織の在り方であることを見い出し、イノベーション理論や組織変革論等に基づく社会科学的な考察を試み、学科を挙げてのコミットメントやインセンティブの重要性を知見として提示した。その内容は、大学教育の組織的改善に関する研究成果として少なくとも定本の一つたり得るものである。また、日本の改革言説は全

学的ガバナンス論に偏しているが、本書の示す研究成果は、学科など基礎単位組織のマネジメントの決定的重要性を示唆する。

　さらに、同書は、教員の負担軽減や教育専門性を担う DBER 専門人材の育成・活用の必要性を指摘している。同書がサイエンス・エデュケーション・スペシャリスト（Science Education Specialists: SES）と呼ぶ人材である。ブリティッシュコロンビア大学の場合、その雇用総数は 50 人であった（Chasteen & Code 2019）。典型的な SES は、Ph.D. 取得後まもない若手研究者から採用された。DBER に基づく教育方法の研修（最初の研修期間：1 セメスター。その後も継続的に毎週ミーティングで専門性開発）を経て、当該学問の専門性と教育の専門性を併せ持つ専門家へ育成された。SES の主な役割は、学科の教員と協力して授業変革を実施することであった。学科内のセミナーやワークショップ開催等を通じ、教員の教授・学修習に関する知識を増やしつつ、教員（集団）に助言し、エビデンスに基づく教育の導入を支援したのである。SES 任期終了後のキャリアパスは、結果として順調であったという。

　SES は、SEI を成功させた変革のエージェントであった。SES という職の最重要ポイントは、学科の外から教育改善を指導する存在ではなく、学科によって雇用され、教育に関する専門知識のみならず学科の専門分野（discipline）の知識を有し、学科の内側で教員の授業改善を支援する存在であったことである。

　日本の大学教育改革にとって、SEI の政策的含意は重大である。我が国における近年の大学教育に関する政策言説には、学部・学科を迂回して改革を実現しようとする方向性が垣間見え、学部等に代わって全学が学位プログラムを担う主体となるよう求めているように見受けられる。そのような在り方の実現は、多くの大学にとって現実的とは思えないし、望ましくもないのではないか。SEI が提示するのは、これとは異なる方向性であり、学部等を変革の主体にしていく教育改革像である。

　ただし、SEI も学科任せであったわけではない。SEI 中央事務局は、学

科への資金供給に関し、前もって全額支給を約束するのではなく、進捗に応じて支給するようにするなど、学科の誓約する変革のスケジュールに関するモニタリング等を行った。そもそも、学科を主体とする変革が自生的に生まれたわけではなく、ワイマン博士の率いる SEI の取組によってもたらされたものである。しかし、SEI が目指し一定の成功を収めたのは、あくまで学科をオーナーとする教育改革であった。SEI 中央事務局は、各学科を変革へといざなう役割を果たしたのである。これは、大学執行部が担うべき役割の一つのモデルとなり得るのではないか。

　そして、SES という DBER 人材の学科ごとの配置は、「授業科目や教授法の変革に必要な知識や専門性を提供し、教員の時間的な負担軽減を援助するうえで、極めて効果的な方法であった」（ワイマン著／大森他監訳 2021: 148）。

おわりに

　本章の提案する学部等がオーナーとなる教育改善・改革への転換は、近年の教学マネジメントや内部質保証に関する政策の基本的な考え方を否定するものではない。むしろ、それが大学教育の現場に届き、教員の授業や学生の学修にインパクトを及ぼすようにするためには、学部等を迂回するのではなく、学部等が変革の主体となる必要があることを主張するものである。また、単純に学部等に任せておけばよいと論じるものでもない。学部等を変革へといざなうことに大学執行部の役割があり、そうした組織的取組を財政面等で支援する政府の役割も決定的に重要である。とりわけ、変革の担い手づくり、学問分野に根ざした教育方法の専門家としての DBER 人材の育成・配置は、急務である。

参考文献
・大森不二雄、2014、「教学マネジメントをめぐる日・英の政策動向―『経営』は『質保証』をもたらすか―」日本高等教育学会『高等教育研究』第 17 集、9 – 30 頁
・大森不二雄、2017、「内部質保証の効果的運用のための道標」早田幸政・工藤潤編『内部質保証システムと認証評価の新段階』エイデル研究所、90 – 110 頁
・大森不二雄、2021、「内部質保証システムの機能の実質化に向けて」永田恭介・山崎光悦編『教学マネジメントと内部質保証の実質化』東信堂、89 – 114 頁
・大森不二雄、2022、「日本の学士課程教育改革の陥穽――参照軸としてのイギリス」米澤彰純・嶋内佐絵・吉田文編『学士課程教育のグローバル・スタディーズ――国際的視野への転換を展望する』明石書店、193 – 215 頁
・大森不二雄・斉藤準、2018、「米国 STEM 教育における DBER (discipline-based education research) の勃興―日本の大学教育への示唆を求めて―」『東北大学高度教養教育・学生支援機構紀要』第 4 号、239 – 246 頁
・大森不二雄・高田英一・岡田有司、2017、「教育の『質保証』を学生の『学習』に連結させるための課題―大学の内部質保証観と学生の学習観への合理的選択理論からのアプローチ―」『東北大学高度教養教育・学生支援機構紀要』第 3 号、75 – 88 頁
・大森不二雄・高橋潔、2018、「高等教育研究と経営学理論の対話から見えてくる新視点：革新的な大学組織の在り方を探索する学際的研究の試み」『東北大学高度教養教育・学生支援機構紀要』第 4 号、227 – 237 頁
・新田秀雄、2016、「研究領域としての物理教育」『日本物理学会誌』第 71 巻第 1 号、40 – 43 頁
・日本学術会議（物理学委員会物理教育研究分科会）、2020、『提言「物理学における学問分野に基づく教育研究（DBER）の推進」』
提言本文：http://www.scj.go.jp/ja/info/kohyo/pdf/kohyo-24-t295-3.pdf
提言のポイント：http://www.scj.go.jp/ja/info/kohyo/kohyo-24-t295-3-abstract.html
・濱中義隆、2018、「平成 28 年度 大学生等の学習状況に関する調査研究」国立教育政策研究所
・カール・ワイマン（著）／大森不二雄・杉本和弘・渡邉由美子（監訳）、2021、『科学立国のための大学教育改革：エビデンスに基づく科学教育の実践』玉川大学出版部　＝　Wieman, Carl, 2017, *Improving How Universities Teach Science: Lessons from the Science Education Initiative*, Cambridge, MA: Harvard University Press.
・Chasteen, Stephanie V. & Code, Warren J., 2018, *The Science Education Initiative Handbook*. Accessed at https://pressbooks.bccampus.ca/seihandbook/ on 27 June 2022.
・Chasteen, Stephanie & Code, Warren, 2019, "Embedding education specialists within departments to catalyze change". Accessed at https://ascnhighered.org/ASCN/webinars/2019/edu_specialists/index.html on 28 June 2022.
・Clark, Burton R., 1996, "Substantive growth and innovative organization: New categories for higher education research," *Higher Education*, 32: 417 – 430.
・Freeman, Scott, Eddy, Sarah L., McDonough, Miles, Smith, Michelle K., Okoroafor, Nnadozie, Jordt, Hannah, and Wenderoth, Mary Pat, 2014, "Active learning increases student performance in science, engineering, and mathematics," *Proceedings of the National Academy of Sciences of the United States of America*, 111(23): 8410-8415.
・National Research Council (NRC), 2012, *Discipline-Based Education Research: Understanding and improving learning in undergraduate science and engineering*, Washington, D.C.: National Academies Press.

Ⅷ 「学習成果」の可視化に向けての直接評価と間接評価の統合
標準テストと学生の自己評価の関係性の検討

山田 礼子
Yamada Reiko

はじめに

　高等教育の質保証推進政策を背景として、GPA 制度、単位の実質化等の方策が多くの日本の大学で実施されるようになった。2020 年 1 月に中央教育審議会大学分科会教学マネジメント特別委員会により公表された「教学マネジメント指針」では、第 3 期の認証評価から特に重視されるようになった内部質保証とともに、学習成果の可視化が強く求められている。内部質保証や学習成果の可視化を実質化するには、情報収集・整理・分析・エビデンスの提示を行う IR が機能し、大学内でそのデータや分析結果が活用されていくことが不可欠となる。大学改革の大きな特徴でもある「質保証」への更なる推進は、2016 年 3 月の学校教育法施行規則に伴い、学位プログラムを単位として、学位授与・卒業認定に関する方針（ディプロマ・ポリシー、DP）、教育課程編成の方針（カリキュラム・ポリシー、CP）、入学者選抜の方針（アドミッション・ポリシー、AP）の 3 つのポリシーを見直し、2017 年に公表することが各大学に求められたことが契機となった。教学マネジメントとは、この 3 つのポリシーを結合し、教育力の向上に対する組織的な取り組みをすることであり、教職員の FD・SD も含めて、総合的に「マネジメント」することを指している。教学マネジメントを確立させるためには、エビデンスとなるデータを収集、分析した上で、そうし

た客観的なデータにもとづいて教育改善を推進することが不可欠である。

　日本では高等教育のユニバーサル化が進行し、大学の入学者選抜が従来のような入学者の質保証の機能を保持することは難しくなってきた。したがって、多様化した学力・学習目的をもった学生への大学の教育力が期待され、その結果としての高等教育の質保証を出口管理によって達成することが重要になる。GPA 制度の活用による卒業判定や、大学全体、各学部等での人材目標の明確化などがそうした具体的方策の一例であるが、これらに加えて、具体的に学修時間の把握といった学生調査やテストあるいはルーブリック等、具体的な測定手法を用いて学習成果の可視化を実質化し、そうした結果を改善につなげることが「教育の質保証」とみなされている次第である。

　本章では、学習成果の可視化を進めていくうえで、不可欠な学習成果の測定方法の特徴を説明する。それを踏まえたうえで、直接評価としての学習成果の測定のために開発した経済学分野の知識を問う標準テストと学生の能力等に関する自己評価を目的として実施した間接評価としての学生調査結果を組み合わせて分析することで直接評価と間接評価から何が把握でき、これらが学習成果の可視化にどのような知見を与えるかについて検討する。

1　学習成果の測定方法と特徴

　学習成果の可視化を進めていくには、学習成果を測定し、その結果を分析し、DP や CP と関連づけ、継続的に改善につなげていくことが、内部質保証の過程である。しかし、学習成果の測定は容易ではない。6年前のデータになるが、2016 年に大学基準協会が行った「わが国の大学における「学習成果」の設定・測定等に関する現状調査アンケート」に関する回答の一部を紹介する。大学基準協会調査では、全国の 4 年制大学 777 校を対象に実施し、473 校から回答を得た。質問紙調査のなかで、「学習成果」の測

定方法について尋ねている。図表1は、全学的に共通した学習成果と学部・学科等の学習成果について、「学習成果」の測定方法とその測定単位を基に8つの測定方法について尋ねた結果を示している。

【図表1】「全学的に共通」と「学部学科等」の学習成果の測定方法と測定単位

単位（％）

	1. 卒業論文・卒業研究		2. 外部試験		3. 学生調査		4. 卒業生アンケート		5. 雇用先アンケート		6. GPAの分析・検証		7. 学修ポートフォリオ等の分析・検証		8. 外部専門家の評価	
	全学	学部・学科	全学	学部・学科	全学	学部・学科	全学	学部・学科	全学	学部・学科	全学	学部・学科	全学	学部・学科	全学	学部・学科
個人	21.6	35.5	12.9	15.6	11.6	8.9	7.0	5.7	3.4	2.7	7.6	7.6	7.4	11.0	0	0.2
クラス	0.2	1.5	0.8	0.6	1.1	0.6	0.2	0.2	0.2	0.2	0.4	0.2	1.5	1.9	0	0
学科	9.7	19.0	4.7	11.2	7.0	8.7	5.7	7.4	2.1	4.0	8.9	11.6	2.7	5.7	0.8	5.9
学部	5.1	10.4	4.7	10.1	9.1	13.3	8.5	12.3	3.4	6.8	6.8	11.8	1.5	5.9	3.2	5.3
大学	7.8	4.7	14.4	6.3	33.6	14.4	23.9	10.4	15.0	5.5	17.3	8.9	7.2	3.0	9.1	5.1
その他	0.2	2.1	0.4	2.3	0.8	2.3	0.4	1.3	0.8	1.3	1.3	1.9	0.6	1.9	0.2	1.2
行っていない	46.7	18.6	52.6	42.7	31.7	41.4	46.5	50.7	64.9	65.8	50.5	46.9	69.6	58.6	76.3	68.5
無回答・非該当	8.7	8.2	9.5	11.0	5.1	10.4	7.8	12.1	10.1	13.7	7.2	11.0	9.5	12.1	10.4	14.0
合計 (n)	473	473	473	473	473	473	473	473	473	473	473	473	473	473	473	473

出典：大学基準協会、『学習成果ハンドブック』2018　26頁　表2−3を一部カットして再掲

　結果からは、全学単位の取り組みと学部・学科単位での取り組みで用いられている方法が異なることが判明した。「学部・学科等の単位での学習成果」については、「個人」単位での「卒業論文・卒業研究」が最も多く用いられている方法である。一方、「全学単位の学習成果」については、「大学」単位での「学生調査」が最も利用されている。結果に示されている学習成果の測定方法は、学習成果を直接測る直接評価と間接的に学習成果に至る過程を見る間接評価に大きく分類できる。直接評価には、科目試験やレポート、プロジェクト、卒業試験、卒業研究や卒業論文、外部試験などの標準試験そしてルーブリックなどもここに分類できる。間接評価の代表的な測定方法は、学生の学習行動、生活行動、自己認識、大学の教育プログラムへの満足度等成果にいたるまでの過程を評価する学生調査である（山田：2014 2019 & Yamada 2016）。GPAは、複数の直接評価結果を反映した指標と捉えられる。直接評価は学習成果を直接測定し評価するのに適している一方で、学生の学びのプロセスや行動を把握するうえで限界性がある。なぜなら、試験結果にもとづき、学習時間や予習、復習を十分に行ったと推定し、成果と結び付けたとしても、試験対策やあるいは標準試験対

策としての問題集への対処により高得点をあげるケースも少なくなく、こうしたケースでは、学習の過程と成果の関係性が弱い。それ故、過程を検証するため、学習・生活行動、学生の自己認識、教育プログラムへの満足度等成果に至るまでの過程の把握が可能な学生調査のような間接評価の意義がある。

　評価を巡る議論は、これまでにも〈直接指標 vs. 間接指標〉以外にも、〈テスト vs. サーベイ〉〈客観的指標 vs. 主観的指標〉〈テストされた知識 vs. 自己申告による知識〉として多く議論されてきたし、現在でも継続しているといって良い。パスカレラとテレンジーニ（2005）は、直接評価の結果と間接評価である学生が自己評価した学習成果の結果が整合的であると論じている。実際に、間接評価結果の有効性を提示する研究も蓄積されてきている。アナヤ (1999) は直接評価である GPA、GRE(大学院入学適性試験) と学生の自己評価による成長度合が整合的であることを知見として示している。こうした議論を鑑みると、様々な直接評価の方法と間接評価の代表例である学生調査を組み合わせるあるいは統合することで、より精緻な学習成果の測定につながるとみなされよう。

　次に、学生調査の使用例を紹介してみよう。学生調査は自大学内だけで行う場合、あるいは標準的な調査を複数校で活用し、相互評価をするケース、さらに、文部科学省が試行調査として全国の国公私立大学の学生が参加する形で行った学生調査もある。文科省調査は大学・短期大学名の公開はしないが、現状での学生の学びの状況、満足度などを広く社会に公表し、社会が大学における教育の現状を学生の回答から知ることにもつながる。高等教育機関は、公表されている全体のデータと手元にある自大学のデータを見ることで更なる教育改善へとつなげていくことも可能である。こうした全国型学生調査の内容はどの高等教育機関でも使用できるため、標準調査に位置付けられる。また、継続的に学生調査を行うことで学生の成長をデータから把握することも可能である。個別大学内においては、学生調査データを、可能であれば学生の成績データ等と紐づけることにより、CP

の検証の過程としても利用し、それらを改善のプロセスにつなげることも
可能である。

2　直接評価と間接評価の統合から何がわかるか

　本節では、学習成果を測定する「標準試験」と学生調査を組み合わせた
方法から何がわかるかを検討する。学習成果を測定する直接評価のなかで
も、「標準試験」の種類の多様性および先進的な開発に例えば米国は積極
的に取り組んでいる。米国の標準試験の多くは、一般教育の成果測定や文
章力や批判的思考力（クリティカル・シンキング）の測定を意図して開発
されている。測定研究の蓄積も多く、特に多くの学生に適用されることを
目的として開発された標準試験の内容とその結果として学生が習得した能
力やスキルが偏りなく反映されているかという妥当性の検証に関する研究
の蓄積が豊富である。しかし、標準試験の信頼性と妥当性を巡る議論が活
発に行われ、とりわけ妥当性についての方向性は一定ではない。このよう
に、直接指標と間接指標の結果の相関の有無や強さをめぐっては、いまだ
諸説ある状態である。

(1)　調査の実施と分析

　ドイツと日本の研究者による 2018 年の共同研究による日本の大学生の
データ分析に焦点を当て、分析する。学習成果に関する研究はドイツと日本
の両国において共通の課題として取り組まれてきている。経済学に関する能
力・スキル測定に関する国際比較研究は、トロチェンスカキア等（2016）、
ブルックナー等（2015）、山岡等（2010a & b）によって実施されてきた。
そこで、本共同研究では、ドイツと日本において経済的な知識を問う標準
的な検定テストが開発されていることを基盤とし、日本人学生のみのデー
タを用いて、専門的な知識・能力と汎用的な認知能力に対する自己評価に
は相関関係があるのか、汎用的な認知能力と非認知能力についても関係性

があるのかという問題設定を行い、属性やアルバイトとの関係、質問内容の開発に取り掛かった。質問内容は専門分野の知識、汎用的技能に関する学生の獲得状況を自己評価するための質問項目を作成するうえで、ドイツの他の研究（Zlatkin-Troitschanskaia et al., 2019a; Zlatkin-Troitschanskaia, Shavelson, Schmidt & Beck, 2019b: Maurer, Schemer, Zlatkin-Troitschanskaia, Jitomirski & Quiring, 2018）を参照し、2018年2月にドイツで作成され、その後5月までに日本語に翻訳され、文化的背景、言語の調整、内容の調整を経た後、オンラインによる2018年5月から6月にかけて両国において調査を行った。本研究で使用した経済学的知識テストは、経済リテラシーテスト(TEL IV)（Walstad, Rebeck & Butters, 2013）の15項目である。項目の選択はドイツの全国調査の結果を土台に検証した（Happ, Zlatkin-Troitschanskaia & Förster, 2018）。検証された日本版の検定はすでに山岡等によって作成され存在していたので日本の調査で今回使用した（Yamaoka et al.,2004）。

(2) 質問紙調査の概要

　収集した質問票は次のような構成から成り立っている。①ジェンダー、年齢、履修課程等の基礎情報、②学生の自己評価による専門分野または汎用的な認知および非認知能力の習得に関する情報である。具体的には作文能力（日本の学生は日本語、ドイツの学生はドイツ語）、数学的能力、デジタル・メディアの活用力、情報を批判的に検証する力、自己管理能力、事実に基づいて主張する力、学位課程でのストレスに対処する能力、学生の実践的経験に関する情報等である。これらの項目は両国のカリキュラム分析と教員へのインタビューからの知見を参考にした結果、それぞれの学位課程で求められる学習成果から構成されている。つまり両国の学位習得を目指す学生が各々の専門領域で習得することが期待されている能力・技能に焦点を当てている。汎用的な認知および非認知能力・技能は、リッカート尺度の1（とても低い）から6（とても高い）という範囲で尋ねた。

(3)　分析と結果

　本章は先述したように国際比較が目的ではないので、日本人学生で経済学を専攻している日本人学生の経済学の知識に関する標準テストと汎用的な認知能力と非認知能力について関係性があるか、汎用的な認知能力と非認知能力についての関係性、および基礎情報、学習時間やアルバイト時間と汎用的な認知能力等との関係を見ることを目的としているため、日本人学生のデータ分析結果を示している。図表2は基礎的情報である。経済学分野の学生ということからか男子学生が多いこと、年齢層から見ると大学の下級学年が多い。自己評価による成績は中位から下位に集中しているようである。アルバイトを行っている学生の比率は大多数である。

【図表2】学生の基礎情報

		N	%
ジェンダー	男性	38	63.3
	女性	22	36.7
	T	60	100
年齢層	17~19	41	68.3
	20~22	19	31.7
	23歳以上	0	0
	T	60	100
自己評価による成績	上位3分の1	9	15
	中位3分の1	38	63.3
	下位3分の1	13	21.7
	T	60	100
現在の学習の進捗状況	全て単位取得	10	16.7
	ほとんどの単位取得	21	35.0
	やや単位未取得	16	26.6
	かなり単位未取得	13	21.7
	T	60	100
学期内でのアルバイト	行っている	49	81.7
	行っていない	11	18.3
	T	60	100

【図表3】アルバイトと学習時間等との関係

		授業への参加状況（時間の自己評価）（%）				
		かなり少ない	中程度	かなり多い	多い	T
学期中でのアルバイト	行っている	6.3	6.3	4.2	83.2	100
	行っていない	0	0	0	100	100
		授業の予習や復習に費やした時間				
学期中でのアルバイト	行っている	69.4	20.4	4.1	6.1	100
	行っていない	63.6	36.4	0	0	100
		試験に備えての学習に費やした時間				
学期中でのアルバイト	行っている	55.1	22.4	10.2	12.3	100
	行っていない	45.5	54.5	0	0	100

　図表３には学期中でのアルバイトの有無と授業への参加時間、学習準備や復習に費やした時間、試験に備えた学習時間との関係を見たものである。カイ検定ではいずれも統計的に有意差は見られなかった。学期中にアルバイトを行っている学生の授業への参加状況を多いと回答した比率は83.2%、アルバイトを行っていない学生の授業への参加状況についての同じ回答比率は100%という回答が得られた。アルバイトを学期中に行っている学生は授業の予習や復習、試験に備えての学習に費やす時間が少ない学生もいる一方で、費やす時間も多い学生も存在する。一方、学期中にアルバイトを行っていない学生は、授業の予習や復習に費やす時間や試験に備えての学習時間は、かなり少ないか中程度に偏っていることが結果として得られた。

　自己評価による成績と学期中のアルバイトの有無の関係性は興味深い結果となった。学期中にアルバイトを行っている学生の14.3%が自己評価による成績下位３分の１に位置している一方で、学期中にアルバイトを行っていない学生の54.5%が成績下位３分の１に位置していることがカイ検定１％水準で統計的に有意であった。この結果から学期中にアルバイトをすることが成績にマイナスの影響を及ぼしていないことが確認された。

　それでは汎用的な認知能力に関する自己評価と経済学の知識に関する標準テストの得点には何らかの相関関係があるのだろうか。本調査用に開発したインターネット上の情報を通じて確認できる自己申告の批判的思考スキルの項目を使用する。質問項目は、取得した情報の内容を区別することができるかどうか、情報の表面だけでなく背後で伝えようとしている意図を認識することができるかどうか、情報の信頼性を判断することができるかどうか、情報から論点を判断できるかどうか等を自己評価する内容から構成されている。結果として、自己評価による汎用的な認知能力得点と経済学の知識に関する標準テスト（以下 TEL：Test of Economic Literacy）の得点は負の相関傾向が見られたが、統計的には有意ではなかった。

　TEL の平均点は経済学部生が8.38（最高15）で、経済学の知識に関して、

　対象となった学生はテスト項目の 55.9％を正解した。また、自己評価による汎用的な認知能力・技能項目のうち、数学的能力において低い点数を示していることも結果として得られた。数学的能力は TEL のタスクを解くために必須であるが、経済学部生が大学のカリキュラムで数学に関する授業を履修していない可能性、あるいは入試の際に数学を必須とされていない可能性もあり、この点を今後は高大接続、経済学部での必須授業との関係から注視する必要がある。

　学業成績がどれほど現在うまくいっているかどうかの自己評価に関して、「学期中の学習にうまく対処できていない」と答えた学生は、TEL の得点が低く、相関係数は有意水準 1％ レベルで－．366 という中位の相関係数を示していた。

　次に、変数間の相関係数を確認した後、TEL を従属変数として何が規定要因となっているかを重回帰分析で行った。図表 4 に示しているモデル 1 では、基礎情報というカテゴリーに分類される年齢層（ダミー変数）、ジェンダー（ダミー変数）、自己評価による学習進捗状況、および他の学生と比較した際の相対的な自分の成績（逆転項目）を説明変数として投入した。次に、モデル 2 では、「科目に関する知識」「日本語運用能力」「英語運用能力」等準備に分類される変数を追加した。モデル 3 には学習達成関連と分類されるカテゴリーに属する自己評価項目を加えた。モデル 1 における有意な規定要因は「他の学生と比較した際の相対的な自分の学業成績」であり、係数は－0.137 であった。クラスメートと比較して成績が上位にあると自己評価した学生は TEL の得点が高いと解釈される。モデル 2 では、年齢層ダミーが規定要因として浮上している。ただし、年齢層の高い学生は少数であることを考慮にしなければならないが、年齢が高い学生ほど TEL の得点が低い結果となっていると解釈できる。モデル 2 と 3 には自己評価による複数準備変数と学習達成変数が付加されたが、これらの変数の影響は見られなかった。モデル 3 では、年齢層と「他の学生と比較した際の相対的な自分の学業成績」が規定要因として有意であることが確認され

たと同時に、新たに学習達成の自己評価変数を付加することで、「学期中の様々な問題に対処することに高い自信がある」と「学期中の学習に対処できない」が規定要因として有意となった。学期中の問題への対処に自信があると評価し、学期の学習にうまく対処できないとしている学生ほど、TEL の得点が低いという多少矛盾を含む結果が示されており、データの解釈に慎重を期すことが求められる。直接評価と間接評価を組み入れて開発した調査票の分析結果からの知見として次の２点、①汎用的な認知能力（数学）の自己評価と専門的な知識に関する標準テストとの相関関係は確認されている。②学業成績が高い学生は専門的な知識に関す標準テストの点数も高いことも結果として得られた。しかし、専門的な知識に関する標準的テストに関する規定要因には慎重な解釈が求められる結果も示されている。

【図表4】重回帰分析による経済学の標準テストの規程要因

説明変数　カテゴリー	説明変数	モデル1 Japan β	モデル2 Japan β	モデル3 Japan β
基礎的情報	年齢層（ダミー）	-0.343	*-0.389*	-0.305
	ジェンダー（ダミー）	-0.048	0.013	-0.002
	学習の進捗状況	-0.046	0.631	0.119
	他の学生と比較した際の自分の成績	**-0.137**	-1.639	**-0.344**
準備状況	科目に関する知識		-0.206	-0.130
	日本語運用能力		0.196	0.225
	英語運用能力		-0.027	-0.142
	量的方法に関する能力・スキル		-0.071	-0.186
	デジタルへの対処能力		-0.002	0.007
	自発的に学ぶ力		0.041	0.000
	自己管理能力		0.161	0.141
	科学的に理解する力		-0.320	-0.309
	プレッシャーに対処する能力		-0.079	0.013
学習達成	学習の達成に重きを置いていない			0.187
	学期中の様々な問題に対処することに高い自信を持っている（逆転項目）			*-0.437*
	現在までの学習達成は順調に進んでいる			0.177
	学期中の学習にうまく対処できない			*-0.369*
固定値		0.947	1.082	1.515
R2 乗値		0.116	0.371	0.539
調整済み R2 乗値		0.051	0.193	0.353
従属変数＝経済学の標準テスト				
太字は 5% レベルで有意　太字のイタリックは 1% 水準で有意				

おわりに　調査からの示唆

　ポーター（2012）が間接評価の有効性について疑問を呈しているように、間接評価の信頼性、妥当性を巡る議論は収斂されていない。日本においても、学生の主観的な評価がどれほどの有効性を持っているのかへの疑問がしばしば提示されている。しかし、今回の分析結果においては、間接評価と直接評価、つまり学生の能力やスキルの修得度に関する自己評価と客観的な学力との間には一定の相関が確認されている。その意味では、直接評価の結果と間接評価である学生が自己評価した学習成果の結果が整合的であると論じているテレンジーニとパスカレラ（2005）の結果とも矛盾はないといえる。

　今回示したように経済学の標準テスト（直接評価）と学生調査（間接評価）を統合して使用し、それらを組み合わせて分析することにより、図1に示しているように、学習成果の可視化へとつなげることが可能ではないか。今回は経済学の標準テストを利用しているが、様々な知識レベルのテストや外部テストあるいはルーブリックなどのパフォーマンス評価と学生調査のデータを統合し、分析することでより精度の高い学習成果の可視化の可能性もあるだろう。データを蓄積し、分析そして改善のプロセスへと回すことにより教学マネジメント支援としての機能が期待できるだろう。

【図表5】直接評価と関節評価の連結モデル

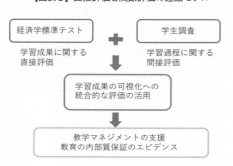

参考文献
- 「Anaya、G. (1999)."College Impact on Student Learning: Comparing the Use of Self-reported Gains, Standardized Test Scores, and College Grades", *Research in Higher Education*、40 (5), pp. 499-526.
- Brückner, S., Förster, M., Zlatkin-Troitschanskaia, O., Happ, R., Walstad, W.B., Yamaoka, M. & Asano, T. (2015). Gender effects in assessment of economic knowledge and understanding: Differences among undergraduate business and economics students in Germany, Japan, and the United States. *Peabody Journal of Education*, 90 (4), pp.503-518.
- Happ, R., Zlatkin-Troitschanskaia, O. & Förster, M. (2018). How prior economic education influences beginning university students' knowledge of economics. *Empirical Research in Vocational Education and Training*, 10 (5), pp.1-20.
- Maurer, M., Schemer, C., Zlatkin-Troitschanskaia, O., Jitomirski, J., & Quiring, O. (2018). *Media Effects on Positive and Negative Learning: First Findings and a Research Program*. Paper presented at the PLATO Conference, Mainz, Germany.
- Porter, S.R. (2012). *Learning Gains across Academic Majors: A Comparison of Actual versus Self-reported Gains*. Paper presented at the meeting of the Association for Institutional Research, New Orleans, LA.
- Pascarella, E.T., & Terenzini, P.T. (2005). *How College Affects Students: Findings an Insights from Twenty Years of Research*, San Francisco: Jossey-Bass.
- Yamada, R. (2016). "Measuring learning outcomes on general and liberal arts education: Integration of direct and indirect assessment" in *Student Learning: Assessment, Perceptions and Strategies*, Ed. Dale Bowen, Nova Publishers, pp.81-100.
- Yamada, R. (Eds.) (2014). *Measuring Quality of Undergraduate Education in Japan: Comparative Perspective in a Knowledge Based Society*, Singapore: Springer, pp.221.
- Yamaoka、M.、T. Asano、S. Abe、Y. Yamada、A. Arai, and M. Hotate. (2004). International comparison of economic literacy among Japanese、US and Korean students [in Japanese]. *Journal of Economic Education* 23: pp.81–89.
- Yamaoka, M., Asano, T. & Abe, S. (2010a). Economic education for undergraduate students in Japan: The status quo and its problem. *Journal of Asia-Pacific Studies* (Waseda University), 14, pp.5-22.
- Yamaoka, M., Asano, T. & Abe, S. (2010b). The present state of economic education in Japan. *Journal of Economic Education*, 41, pp.448-460.
- Zlatkin-Troitschanskaia, O., Schmidt, S. Brückner, S., Förster, M., Yamaoka, M. & Asano, T. (2016). Macroeconomic knowledge of higher education students in Germany and Japan – A multilevel analysis of contextual and personal effects. *Assessment & Evaluation in Higher Education*, 41 (5), pp.787-801.
- Zlatkin-Troitschanskaia, O., Jitomirski, J., Happ, R., Molerov, D., Schlax, J., Kühling-Thees, C., Förster, M. & Brückner, S. (2019a). Validating a test for measuring knowledge and understanding of economics among university students. *Zeitschrift für Pädagogische Psychologie*, 33 (2), pp.119-133.
- Zlatkin-Troitschanskaia, O., Shavelson, R. J., Schmidt, S. & Beck, K. (2019b). On the complementarity of holistic and analytic approaches to performance assessment scoring. *The British Journal of Educational Psychology*. Advance online publication.
- Walstad, W.B., Rebeck, K. & Butters, R.B. (2013). The test of economic literacy: Development and results. *The Journal of Economic Education*, 44 (3), pp.298-309.
- 大学基準協会, (2018). 『学習成果ハンドブック』 東京：大学基準協会, 126 頁.
- 山田礼子, (2014).「間接評価を通じて共通教育における学習成果をどう把握するか」『大学教育学会誌』第 36 巻第 1 号, pp.70-75.
- 山田礼子, (2019). 『2040 年大学教育の展望—21 世紀型学習成果をベースに—』東京:東信堂, 279 頁.

第Ⅲ部

認証評価実践編
―第４期に向けて―

Ⅸ　認証評価の基本的視点と大学評価の特質・今後の方向性

田代 守
Tashiro Mamoru

1　認証評価の基本的な目的

　機関別認証評価が3周期目の半分を折り返した2022年現在、大学基準協会（以下、「本協会」という。）では2025年度からの4期目に向けた検討を進めているところである。

　認証評価は、「学校教育法」第109条第2項において、その前項に規定される自己点検・評価の実施・公表とともに、わが国の大学に義務付けられたものである。同条第1項に「教育研究水準の向上に資するため」とあるのに加え、同第6項にも「大学は、（略）その教育研究水準の向上に努めなければならない」とあるように、大学の「教育研究水準の向上」こそが、認証評価の一義的目的であることが再確認できる。

　注目したいのは、認証評価制度の発端となる 中央教育審議会「大学の質の保証に係る新たなシステムの構築について（答申）」（2002年8月）において、「大学の質の向上については、大学が自らの教育研究活動や、組織運営の在り方などについて、不断に自己点検・評価し、その結果に基づき更なる改善方策を探るなど、企画立案、実施、評価、反映といった教育研究活動の改善のための循環過程を自らのうちに構築していくことが当然必要」とあるように、当初より「教育研究水準の向上」には、大学自身の内部質保証機能が重要であることが謳われていることである。

　その後、「内部質保証」は、「細目省令」上の重点評価項目に指定され（2016年3月）、認証評価は、大学自身の自己改善機能を中核に据えた制度であるという性格が定着・強調されることになる。つまり、認証評価は、大学の「教育研究水準の向上」を大学自身の内部質保証により実現させる仕組みである、とも換言できる。

　近年、2022年3月に中央教育審議会大学分科会質保証部会が取りまとめた「新たな時代を見据えた質保証システムの改善・充実について（審議まとめ）」（以下、「審議まとめ」という。）も「内部質保証」に注目している。「審議まとめ」は、「内部質保証が真に有効に機能しているか否か、また、大学の教育研究活動の状況（学修の質や水準、研究環境整備等）が十分に評価できていないのではないか」と、現行の認証評価への疑義を呈するとともに、「内部質保証について、自己点検評価の体制が整っているかだけでなく、自己点検評価結果により、どう改善されたかを評価し公表する形へと充実する」との改善・充実策を提起している。「審議まとめ」では、同時に「透明性の向上」や「客観性の確保」「柔軟性の向上」「厳格性の担保」など、認証評価制度の改善・充実の方向性として、いくつかの提案がなされているが、大学の内部質保証に依拠し、その実質化を進めようとする方針に揺るぎはない。

　また、「内部質保証」とともに、近年の高等教育質保証の議論でつとに重視されているのは「学習成果」である。中央教育審議会「2040年に向けた高等教育のグランドデザイン（答申）」（2018年11月、以下「グランドデザイン答申」という。）は、「内部質保証」における、「保証されるべき質」について、「何を学び、身に付けることができるのかが明確になっているか、学んでいる学生は成長しているのか、学修の成果が出ているのか、大学の個性を発揮できる多様で魅力的な教員組織・教育課程があるかといったこと」と上げている。ここにあるように、「何を学び、身に付けることができるのか」つまり「学習成果[1]」は、中央教育審議会「学士課程教育の構築に向けて（答申）」（2008年12月）以降、高等教育の中心的テー

マであり続けてきた。「グランドデザイン答申」以降、盛んに言われるようになった「学修者本位」の大学教育の実現とは、学生の「学習成果」実現に向けた「内部質保証」の実質化とほぼ同等の意味を有していると言えよう。

　そのことは本協会でも十分に意識している。本協会は、申請大学の質を社会に対し保証するとともに、その教育研究水準の向上を支援するという大学評価の目的を、「学習成果」を軸にした「内部質保証」の有効性に着目した評価として、いかに結実させ、精度を高めていくか、に着目し、これを達成すべく挑戦しているところである。以下にその経緯について説明したい。

2　本協会における大学評価改善に向けた準備

　本協会は、展開する各種評価事業について、常に改善点を洗い出し、事業の調整を行っているが、評価サイクルに合わせて、システムの大きな改定作業を行うことになる。その改定作業は、科学的な根拠をもって行われる必要があるが、本協会においては、申請大学や評価者からの意見を参考にするとともに、以下の事業によって得られた知見も参考にこれを行うこととなった。すなわち、「達成度評価のあり方に関する調査研究」と「効果的オンライン教育のあり方と評価基準・視点に関する調査研究」である。両調査研究ともに、2018年に本協会に設置された大学評価研究所のプロジェクトとして執行されたものである。

（1）達成度評価のあり方に関する調査研究

　「達成度評価のあり方に関する調査研究」は、高等教育研究の泰斗である早田幸政中央大学教授のもと、13名の研究者、実務者によって、2019年7月からおよそ2年間にわたり実施された。

　同調査研究では、わが国の全大学を対象とするアンケート調査や聴き取

り調査を実施するとともに、それらをもとに、内部質保証の機能的有効性を重視した評価にいかに達成度評価（アウトカム評価）を組み込むのか、という点について、大学及び本協会に対する提言を含む報告書（以下、単に「報告書」という。）を取りまとめた。「報告書」には、認証評価３期目における大学評価の課題も列挙している。

　以下に、「報告書」が掲示している大学評価の課題と本協会に対して示された提言の中から、一部を抜粋して紹介したい。

①　大学評価の課題

　まずは、現行（認証評価第３期目）の大学評価の課題である。

　「報告書」は、本協会の大学評価に対して、「「内部質保証」と具体的な教育活動との関係性の整理に腐心し、基準構造図の作成や点検・評価実務に当たっての説明等により、申請大学等への理解醸成に鋭意努め」ていることを認めつつも、「実際の認証評価結果に際しては、「内部質保証」と「学習成果」の検証とが、必ずしも明確に関連づけるかたちで処置されていない傾向にあった」と批判している。

　このことについてもう少し説明しよう。大学評価の評価結果は、10の基準ごとに示される。すなわち、「内部質保証」に関する事項は「基準２　内部質保証」で、「学習成果」に関わる事項は「基準４　教育課程・学習成果」で提示される。つまり、「内部質保証」と「学習成果」は、別々の基準で扱われるのである。

　実際に、「基準２内部質保証」で大学に付された提言の多くは、「内部質保証推進組織の役割が不明瞭」「内部質保証に大きな役割を果たす会議体の役割・権限が明文化されていない」「内部質保証に関する方針・手続と点検・評価に基づく全学的な改善プロセスとに乖離」など、内部質保証の体制整備に関わる課題である。それらが学生の「学習成果」修得に関係する可能性は否定できないものの、少なくとも「学習成果」を中心に据えた指摘とはなっていない。

　「学習成果」を中心的に扱うのは「基準２内部質保証」ではなく「基準

4 教育課程・学習成果」である。そこでは、「学位授与方針に、修得すべき知識、技能、能力等の当該学位にふさわしい学習成果を示していない」「学位授与方針に定めた学習成果を十分に測定しているとはいいがたい」等、主に「学習成果」の学位授与方針への提示やその測定方法に焦点を寄せた指摘がなされている。「学習成果」を中心に教育内容を評価しているが、それが「内部質保証」という概念とどのように関連しているかは明確ではない。「報告書」はそういった状況について指摘しているのである。

② **本協会への提言**

　続いて、「報告書」が示している本協会への提言である。提言では、大学基準に注文が付けられている。例えば、「新たな大学基準では、各大学が、それぞれの「学習成果」を踏まえ、その実現に向けて教育プロセスを効果的に構築・展開していく先に見えてくる着地点として、当初設定した「学習成果」を社会に出ても持続できる学位レベルの資質・能力を学生に獲得させるに至る、というダイナミックなストーリー展開にいざなうような書きぶりに、誰もが一目瞭然に理解できるよう書き改めることを提案する」、あるいは「現大学基準に示される教育方法は、伝統的な「大学教育観」、「学力観」に支えられている傾向にある。新たな大学基準では、「学習成果」の達成を目指し、それに見合った学習パフォーマンスの産出につなげる旨を前面に押し出した表現へとあらためることが望まれる」などである。

　中でも、「a)「学習成果」はどのように設定されるべきか、b) その測定や可視化の方法としてどのような指標・尺度の具体例が考えられるのか、c) 測定結果をどのように改善に結びつけるべきなのか、そして、d) これら「学習成果」を基礎に据えた達成度評価の結果を踏まえた教育の改善・改革に結びつけるため、「内部質保証」をどう機能させていくべきなのか、といった諸点につき、「「大学基準」及びその解説」あるいはそれを補足する資料などを通じその中身を明らかにする」ことを要請している点に注目したい。現行の大学基準では、大学に「学習成果を示した学位授与方針」の設定と公表、「学位授与法人に示した知識、技能、態度等の学習成果」の把握、

評価が必要であると謳っている。しかしながら、「「学習成果」はどのように設定されるべきか」「どのような指標・尺度の具体例が考えられるのか」「どのように改善に結びつけるべきなのか」については明らかにしていない。

　従来、本協会は評価に当たり、申請大学の改善を支援することに腐心してきたものの、「どのように改善するか」は具体的に示さず、改善策の模索・選択は専ら各大学に委ねてきた。そうした方針は、大学の自律性を根本に据える本協会においては、今後も変わることはないだろう。ただ一方で、評価機関は、一方的に大学に改善を求めるだけでは役目として不足しているのではないか、という意見も根強い。本協会として改善策をどのように考えるのか、その見解を、基準というかたちではなく、参考資料として示すことには一定の意味があるのではないか。特に、「学習成果」の扱いや「内部質保証」の構築・運用に多くの大学が苦心している中で、参考資料の1つを本協会が提示することは、否定されることではないのではないか、ということである。

　「報告書」は、これ以外にも、グッド・プラクティスを全国の大学に共有できるような措置や、申請大学がそれぞれの強みをさらに積極的にアピールできるような評価システムの改変を求めている。これらの意見も含め、「報告書」は、「「学習成果」を軸にしたPDCAの有効性をさらに重視した内部質保証に軸足を置いた評価の更なる深化が求められ」るという主張を根幹に据え、種々の提言を行っている。

（2）効果的オンライン教育のあり方と評価基準・視点に関する調査研究

　研究プロジェクトの2つ目は、「効果的オンライン教育のあり方と評価基準・視点に関する調査研究」である。同プロジェクトは、同じく高等教育研究の第一人者である山田礼子同志社大学教授のもと、6名の研究者によって、2020年7月からおよそ1年間にわたり、大学に対する悉皆アンケート調査とインタビュー調査、さらに海外評価機関への質問紙調査を通じて

実施した。そこで得られた示唆として、山田（2022）は、以下の点を指摘している。

- ・教員のICTへの習熟度を高めるための技術的支援を充実することが重要である。
- ・学生や教員へのヘルプデスクが不可欠と考えられるなか、ICT技術関連の支援に携わる人材を継続的に育成することが重要である。
- ・成績評価方法に関しては、グッド・プラクティスの蓄積やその共有を教員間で図っていくことが重要である。
- ・学生の交流機会の確保のためのグッド・プラクティスを蓄積することが重要である。
- ・オンライン教育を受ける学生の通信環境を把握し支援すること、また、総じて通信環境に関する物理的支援体制の整備を図ることが重要である。
- ・学生のプライバシー保護、情報セキュリティへの感度、そして著作権保護・侵害防止、情報拡散の保護等がより重要になるなか、これらに対する教職員や学生の理解醸成の機会を充実させることが重要である。

　　　　　　　　　（以上、本協会広報誌「じゅあ」68号より抜粋引用）。

　以上の「示唆」は、必ずしも、大学評価の改定議論に直結するものではないかもしれないが、今次のパンデミックが高等教育に与えた影響を考える参考になる。特に、前述の「達成度評価のあり方に関する調査研究報告書」でも提言されていた、グッド・プラクティスの収集と共有は、多くの大学関係者が実現を期待するものである。本協会は、これらの知見を下敷きに、評価を中心とした事業の改善・向上を図ることが重要である。

3　本協会における大学評価改善（「大学評価システム検討小委員会」での取り組み）

　以上の調査研究プロジェクト等の結果を踏まえつつ、本協会は、認証評価第4期目を迎えるにあたって、どのような大学評価・短期大学認証評価

を実施すべきなのか、具体的な設計を開始することとなった。そのため、本協会は、評価基準や評価システムの開発・改変を担う「基準委員会」のもとに、2021 年 8 月に「大学評価システム検討小委員会」を設置した。

　同小委員会は、本協会理事（当時）で、かつ基準委員会と大学評価委員会の委員を兼任する、半藤英明 熊本県立大学学長（当時）のもと、大学評価委員経験者や自大学での質保証業務に精通するメンバーで構成された。

　同小委員会では、まず、「認証評価第 4 期の基本的な方向性」（以下「方向性」とする。）を取りまとめた。その詳細は本書「Ⅹ　次期認証評価と大学基準協会　評価手続を巡る諸論点」に紹介されているので、ここでは簡単に説明する。

（1）基本的な枠組みを踏襲

　「方向性」ではまず、「現行制度の基本的な枠組み（基準構成等）を踏襲」することを前提として掲げた。

　本協会の大学評価は、1996 年度の開始以降、およそ 5 回の基準及び評価方法等の改定を行ってきた。その中には抜本的とも言える改定もあったが、「大学の教育研究活動の質を社会に対し保証すること」「大学の改善・向上を継続的に支援すること」という目的は、従前からの大学評価の普遍的な目的である。

　そうした普遍的な目的がある中で、周期ごとの変更幅が過大になるのは、申請大学にとっても、評価者にとっても都合のいい話ではない。そういう意味から、今次の大学評価改定に当たっては、「現行制度の基本的な枠組み（基準構成等）を踏襲」し、過度な変更は控えることとなったものである。「方向性」はこれを前提としたうえで、「評価の内容」と「評価の方法」に分けて、第 4 期目の方向性を提示している。

（2）評価の内容

　本章 2（1）①で示した通り、第 3 期の評価結果においては、「内部質保証」

と「学習成果」の検証とが、必ずしも明確に関連づけるかたちで処置され
ていない傾向にあった。これらを受け、「方向性」は、第４期目の特徴と
して「学習成果を基軸に据えた内部質保証の重視とその実質性を問う評価」
を掲げ、「学生に身に付けさせる能力等の明確化、それに基づく教育課程
等の整備・実施、達成度の把握、そして教育システムの検証と改善・向上
という一連の流れが適切に実現できているかを内部質保証の「実質化」の
意味と捉え、評価を行う」ことを目指すとしている。そのための具体策（案）
もいくつか示されているが、前述「報告書」の提案を受けて、「例えば、
学習成果はどのように設定されるべきか、その測定や可視化の方法として
どのような指標・尺度の具体例が考えられるのか、測定結果をどのように
改善に結びつけることが考えられるのか、これら学習成果の測定結果を踏
まえた教育の改善・改革のために、内部質保証をどう機能させていくべき
なのか、といった諸点について、大学基準を補足するような資料を通じそ
の事例を示して、大学の参考に供する」との方策を示している。

　また、「方向性」は、「効果的オンライン教育のあり方と評価基準・視点
に関する調査研究」の結果を参考に、「オンライン教育の動向を踏まえた
評価」も標榜するとしているが、「対面式教育とオンライン教育を別立て
に基準等を設定するというより、両者をにらみながらそれらに通底するポ
イントを明らかにし、基準等を設定する」と、改善策を示している。

（3）評価の方法

　「方向性」が示す評価の方法としては、「学生の意見を取り入れた評価」「特
色ある取り組みの評価」「効果的・効率的な評価の実施」の３点を挙げ、
改善策を講じようとしている。そこでは、評価プロセスにステークホルダー
たる学生の参画を求めている欧米の事例を参考に、「学生の意見を取り入
れた評価」を提案しているが、「差し当たっては、学生を評価者として任
用することまでは考えない。その他の方策を通じて実現する」との提案に
留まっている。

　「特色ある取り組みの評価」も重要な視点である。「細目省令」に、「大学評価基準において、評価の対象となる大学における特色ある教育研究の進展に資する観点からする評価に係る項目が定められていること」とある通り、認証評価には、申請大学の特色ある教育研究の進展を支援する役割が求められているが、大学の自律性を重視する本協会の大学評価にとっても、「特色ある取り組みの評価」は、極めて重要な眼目である。第３期になって、「長所」の定義が「有意な成果が見られるもの」から「有意な成果が期待できるもの」まで拡大され、「長所」の指摘数が増加傾向にあるものの、大学の背中を押すとともに、社会へのアピールにもなる大学評価のあり方を、さらに模索する必要がある。

　「効果的・効率的な評価の実施」は、認証評価が制度化された当初から、大学関係者から強い要請がなされている事項である。近年、限られた人的・財的資源の中で、ますます多種多様な役務を課されるようになった大学教職員にとって、認証評価に係る業務負担が少しでも軽くなることは熱望されていることであろう。しかしながら、本協会の大学評価が求める「内部質保証」が確立されている大学であれば、７年に一度の認証評価は、著しい負担とも思えない。徒に負担軽減を図り、そのために、「質保証の質の劣化」を招くのであれば本末転倒である。「方向性」が「「負担軽減」を前面に出した制度設計はしない」と示すように、大学評価の効果の最大化を目指すとともに、申請大学、評価者にとって、無用な負担となるものを選別し、それを除去する工夫が大切であろう。

4　認証評価第4期目に臨む上での懸念材料

　以上の「方向性」を踏まえ、大学評価システム検討小委員会では、2022年秋の時点で、「「大学基準」及びその解説」の改定を進捗させている。しかしながら、改定作業を進めるにあたり、いくつかの懸念材料がある。それは、認証評価第４期目からの運用を目途に改正される見込みである認証

評価の新しい枠組みが、いまだ確定していないという点である。

　2022年10月に改正された「大学設置基準」では、それまでの「専任教員」を「基幹教員」と改めたり、「講義・演習・実習・実験」の時間区分を大括り化するなど単位制度の柔軟的な運用を図ったり、新たに「特例制度」を導入するなど、様々な改定が行われた。前述の「審議まとめ」では、それに加えて「認証評価」についても、「内部質保証の体制・取組が特に優れていることが認定された大学に対しては、次回の評価においてその体制・取組が維持・向上されていることを確認しつつ、評価項目や評価手法を簡素化するなど弾力的な措置を可能とする」「不適合の大学については受審期間を短縮化する」などの提案がなされている。

　「認証評価」の評価基準は、「大学設置基準」等に適応している必要があるので、「大学設置基準」の改定に沿って、大学基準も対応させなければならない。また、「認証評価」に求められることがらに何か変更があれば、これが「学校教育法」に定められたシステムである以上、認証評価機関はそれらに応えなければならない。しかしながら、「審議まとめ」で提起されている「認証評価制度の改善・充実の方向性」には、実施に当たり解決すべき課題が内包されている。

　先に紹介した、「内部質保証の体制・取組が特に優れていることが認定された大学に対する弾力的措置」や「不適合大学に対する受審期間短縮」などもその一例である。これら、大学の扱いに差をつける措置は、各認証評価に差がないことが前提となる。2022年5月時点で、4年制大学を対象とする機関別認証評価機関は、全部で5機関存在するが、田代（2021）が示すように、それぞれの評価基準が規定する「内部質保証」には差があるのである。また、適合・不適合の判断も、評価機関によって差がないとは言えない状況にある。評価機関ごとに「内部質保証の体制・取組が特に優れている」かどうかの判断に差があるにもかかわらず、優れていると判断された大学に一律に優遇措置を処するのは、不公平である。評価機関ごとに、適合・不適合の判断に差があるにも関わらず、不適合大学の受審期間

を短縮するのも不公平である。

　本協会は、従来より、文部科学省担当部署にこれらの点についての解決を訴えてきたが、結局、説得的な解決策は提起されていないままである。これらの不備がどう処理されるのかが見えぬまま、第4期目の準備を進めるのは、相当の不安である。

　ともあれ、認証評価第4期目は2025年度から開始される。各大学の自己点検・評価にかかる時間を勘案すると、2023年秋口には、新しい大学基準・短期大学基準が公表できていなければならず、本協会はそれを目指している。その間、パブリックコメントを求める手続きも予定されているので、関係者には、本協会の動向に注目し、ぜひ活発な意見をいただければ幸いである。

---

(1)　学習成果：大学基準協会では、学生のラーニング・アウトカムは、授業科目による学修のみで涵養されるものではないとの考え方から、「学修成果」ではなく、「学習成果」という表記を用いる。本稿は基本的にその考えに従っている。

参考文献
・中央教育審議会「大学の質の保証に係る新たなシステムの構築について（答申）」（2002年8月5日）
・中央教育審議会「学士課程教育の構築に向けて（答申）」（2008年12月24日）
・中央教育審議会「2040年に向けた高等教育のグランドデザイン（答申）」（2018年11月26日）
・中央教育審議会大学分科会質保証部会「新たな時代を見据えた質保証システムの改善・充実について（審議まとめ）」（2022年3月18日）
・公益財団法人大学基準協会「大学評価ハンドブック」（2022年3月改訂）
・公益財団法人大学基準協会大学評価研究所効果的オンライン教育のあり方と評価基準・視点に関する調査研究部会「効果的オンライン教育のあり方と評価基準・視点に関する調査研究報告書」（2021年10月31日）
・公益財団法人大学基準協会大学評価研究所達成度評価のあり方に関する調査研究部会「達成度評価のあり方に関する調査研究報告書」（2021年10月31日）
・山田礼子「効果的オンライン教育のあり方と評価基準・視点に関する調査研究について」（公益財団法人大学基準協会広報誌「じゅあ」68号（2022年3月31日））
・田代 守「大学の内部質保証 その定着に向けて」（JUAA選書16 永田恭介・山﨑光悦編著『教学マネジメントと内部質保証の実質化』（2021年3月30日）pp.69－88）

X　次期認証評価と大学基準協会
評価手続を巡る諸論点

松坂 顕範 ／ 加藤 美晴
Matsuzaka Akinori / Kato Miharu

はじめに

　Accreditation を名に持つ組織として発足して以来、70 余年となる。大学基準協会（以下「本協会」という。）は、早くも 1951 年には会員資格の判定審査としてアクレディテーションをスタートさせ、現在の大学評価[1]に直接つながる評価も、認証評価の制度化に先立つ 1996 年に開始している。2004 年度以来、本協会の評価は認証評価としての社会的機能も負うこととなったが、これまで多くの力に支えられ、第 4 期目のサイクル開始を数年後に控えるまでになった。

　1 期 7 年という時間は、様々な社会的展開、環境的変化を蔵するだろうし、本協会の評価経験もそれだけ積み増されてくる時間だといえよう。まだ今期を終えていない現在にあっても、様々な課題、論点が浮上してきている。本協会はそれらに対処し、次期評価の展望を開かねばらならないが、以下では 6 つを柱として次期の評価手続を巡る現在の検討状況を述べていってみたい。もちろん、本稿執筆段階（2022 年 4 月）では具体的な制度、措置について最終結論に達していないことは多い。したがって、検討にあたっての論点確認というかたちで筆を進めることをお許し願いたい。

1　学習成果を基軸に据えた内部質保証の重視と その実質性を問う評価

　UNESCO による調査 [2] を引き合いに出すまでもなく、「内部質保証」という概念と取り組みはすでに世界的な定着を見ている。本協会が 2010年改定の大学基準でこの概念を導入して以来、我が国においても一定の広がりを持って取り組まれていよう。本協会も、漸次ステップを踏んで評価を行ってきた。

　では、次期はどうステップを踏もうというのか。ここでまず確認しなければならないのは、何のための内部質保証かということである。端的にいってしまえば、「教育の充実と学習成果の向上」が内部質保証の目的である。これは、現在の大学評価でも話頭に載せていることではあるが [3]、次期の改善・強化のポイントを論ずるにあたっても先ず確認しておくべき大事なポイントである。

　前段に述べたこの「目的」からは、いくつかの論点が引き出されてくる。まずは、"学習"という側面へのアプローチ強化である。「教育の充実と学習成果の向上」という内部質保証の目的に即して「学習成果を基軸に据えた内部質保証」を次期の基本的方向性として考えるところだが、その際、単に学習成果の測定・評価、"可視化"という意味で"学習"に関心を寄せようするわけでないことをまずは断っておきたい。「学習者本位」という人口に膾炙された言葉を用いるかどうかは措くとしても、学習のための教育資源の投入・実施といったインプット、プロセスを含んだ複合的な目で大学の取り組みを見、内部質保証もその関連で考えていきたいというのが本協会の基本的方向性だ。

　この点につき、論点を具体的に開示するために、現行評価の「点検・評価項目」を見てみよう。カリキュラム等が取り扱われる基準4「教育課程・学習成果」について見てみると（図表1）、気づくのは"教育"という語に比べて"学習"は明示的でないことだ。もちろん、点検・評価項目④には「学

【図表1】

【点検・評価項目】

① 授与する学位ごとに、学位授与方針を定め、公表しているか。

② 授与する学位ごとに、教育課程の編成・実施方針を定め、公表しているか。

③ 教育課程の編成・実施方針に基づき、各学位課程にふさわしい授業科目を開設し、教育課程を体系的に編成しているか。

④ 学生の学習を活性化し、効果的に教育を行うための様々な措置を講じているか。

⑤ 成績評価、単位認定及び学位授与を適切に行っているか。

⑥ 学位授与方針に明示した学生の学習成果を適切に把握及び評価しているか。

⑦ 教育課程及びその内容、方法の適切性について定期的に点検・評価を行っているか。また、その結果をもとに改善・向上に向けた取り組みを行っているか。

⑧ 教育課程連携協議会を設置し、適切に機能させているか。（学士課程（専門職大学及び専門職学科）／大学院の専門職学位課程）

【図表2】

点検・評価項目④

　学生の学習を活性化し、効果的に教育を行うための様々な措置を講じているか。

　＜評価者の観点＞

・全学的に見て、学生の学習を活性化し、効果的に教育を行うための措置として、どのような方法が取られているか。

　　※　その根拠として、下記の実際の状況も確認する。

　　　・教育課程の編成・実施方針と教育方法の整合性

　　　・当該学部・研究科の教育研究上の目的や課程修了時に求める学習成果に応じた授業形態、授業方法の採用とその実施

　　　・臨地実務実習、その他必要な授業形態、方法の導入と実施【学専】

　　　・1授業当たりの適切な学生数の設定と運用（【学士】【学専】（40名以下の設定と運用【学専】）

　　　・単位の実質化（単位制度の趣旨に沿った学習時間、学習内容の確保）を図る措置

　　　・シラバスの作成と活用

　　　・履修指導

・各学部・研究科における教育方法の導入、教育の実施について、全学内部質保証推進組織等の全学的な組織は、どのように運営・支援し、その適切性を担保しているか。

生の学習を活性化し…」とあって、"学習"の概念は出てきている。ただ、例えばこの点検・評価項目に関わる「評価者の観点」によってさらに具体に見るなら、十分に"学習"という目から内容が盛られているかどうか検討の余地はあると思われる（図表2）。本書第3部第Ⅸ章で「達成度評価」に関わる調査研究に触れ、「現大学基準に示される教育方法は、伝統的な『大学教育観』、『学力観』に支えられている傾向にある」という指摘がなされたことに注意が向けられているが、そうしたことも踏まえつつ、円滑に学生が学習できるために大学がなすべきことは何か、質保証の取り組みとは何かを検討し、評価内容を固めていくことになろう。

　これに関わって内部質保証を扱う上で課題になるのは、いわゆる教学マネジメントである。もともと内部質保証とは、不断に質の向上を図り、教育等が適切な水準にあることを説明・証明するための仕組みだと要約的に表現できるが(4)、「不断に質の向上を図」るとは、単に自己点検・評価をして改善を図るだけの意味にとどまるまい。むしろ日頃の教育実践が適切になされるよう取り組むこと、いってしまえばマネジメントの面も含んで、はじめて「不断」は成り立つ。この点、現行評価でも関心は向けられている。例えば、先に引いた図表2「評価者の観点」の最終のところ、「各学部・研究科…担保しているか」はそれである。しかし、評価アプローチとして十分であろうか。教学マネジメントをさらにパラフレーズして要素化することは重要でないか。こうしたことは検討すべきことのひとつだ。

　学習成果を達成するための内部質保証の「実質性」を問うなら避けて通れないのは、学部・研究科等のレベルの質保証でもあろう。本協会が示してきた内部質保証のモデルでは、プログラムレベルの質保証がこれに相当する(5)。内部質保証を重視するということは、各大学において教育活動が適切にプログラムされ企画・実践され、そして事後の検証と改善・向上も然るべく行われることに期待するという意味にもなるが、これは論理的要請というだけでなく広く世界を見渡したときの標準でもあって、本協会の評価もさらにステップを進めねばなるまい(6)。現行評価においても、す

でに学部・研究科レベルでの質保証活動は種々に扱われている。評価手続上の問題として再び点検・評価項目、評価者の観点に目を向けてみるが、まず、基準2「内部質保証」においては「自己点検・評価」が大掴みで扱われている（図表3上段）。そこでは「客観性、妥当性を高めるための措置」も問われており、いわゆる「外部評価」はその具体例とされている。あくまで具体例ゆえに必須ではないのが現行評価だが、大学の取り組みに信頼して内部質保証に委ねるという以上は、独善を排せる制度的担保は何らかの形で必要となろう。世界を見てもこの点は甘くないのだから(7)、国際通用性の目で見ても次期の大学評価において外部評価等をどう扱うかは重要な検討点だ。また、基準4「教育課程・学習成果」において問われてい

【図表3】

点検・評価項目③

方針及び手続に基づき、内部質保証システムは有効に機能しているか。

＜評価者の観点＞

・学部、研究科その他の組織における自己点検・評価はどのように行われているか。

・学部、研究科その他の組織における自己点検・評価の客観性、妥当性を高めるために、全学的にどのような工夫がされているか。

点検・評価項目⑦

教育課程及びその内容、方法の適切性について定期的に点検・評価を行っているか。また、その結果をもとに改善・向上に向けた取り組みを行っているか。

＜評価者の観点＞

・教育課程及びその内容、方法の自己点検・評価は、どのように行われているか（基準、体制、方法、プロセス等）。

・上記の自己点検・評価結果に基づき、教育課程及びその内容、方法の改善・向上に向けた取り組みは、どのように行われているか。

・上記において、学習成果の測定結果は、教育課程及びその内容、方法の改善にどのように活用されているか。

る大学の検証活動について述べるなら、「評価者の観点」に「基準、体制、方法…」とあるのはミスリードの弊なしとしない（図表３下段）。それというのも、体制等の手続の評価に終始してしまっては本来的ではないからだ。「実質性」とはその先にあるものだとすれば、どのような視角に立つべきか改めて検討し要素をパラフレーズしていく必要があろう。

2　大学の取り組みの有効性・達成度を重視する評価

　前節において、内部質保証の目的が「教育の充実と学習成果の向上」にあることを確認し、各大学が目指すあり方を実現するために内部質保証をどう機能させているかに関心を置く旨を述べた。この意味で、いかに内部質保証が大学評価において中心的な争点になるといっても、あくまで目的のための手段という関係においてであって、それ自体を絶対化するという立場にはない。根本的に重要なのは、各大学が何を目指すかということであり、その実現に向けて教育研究活動、あるいは内部質保証等の諸活動をどのようにデザインし実施しているのかというのが問いの本質である。言い換えれば、理念・目的に沿った取り組みの有効性・達成度がどのようであるかということが、次期評価の基底にある根本的な考え方ということになる。

　もちろん、こうした考えはこれまでも追求してきたし、そもそも、目指す方向性を大学自身が明確にし、そしてそのための取り組みがどの程度有効であったかを的確に判断することは、各大学がその後の方向性を決定するうえで大変有益だという意味で不変的なテーマである。そうした前提の上で次期の大学評価がさらに前進するなら、ひとつにそれは、先にも触れた“学習”へのアプローチ強化ということであろう。本協会に置かれた大学評価研究所は、「達成度評価」という命題のもとで学習成果に関わる質保証のあり方等を調査研究したが[8]、その成果も一方に置きながら“学習”

というものを念頭に点検・評価項目等をより工夫していくことになる。

　なお、こうしたことから、取り組みがどの程度有効であるかということを客観的な事実をもとに大学が分析し、自身の言葉で表し得ているかは評価において重視されるポイントだ。ただし、注意しなければならないのは、「エビデンス」の扱いである。大学自身の力で達成度や有効性を表し得ているか問うといっても、過度にエビデンスを求めるならば、一面においては度を超えた「可視化」の誤解をもたらし、また、他面では形式化や画一化につながるなどの問題も惹起しうる。本協会が追求したいのはそうしたこととは180度反対のことであり、むしろ評価を通じて大学の多様な取り組み・挑戦を支援できるようにサポートしていきたい。こうした点も十分に念頭に置きつつ検討を進めていくことになるだろう。

3　オンライン教育の動向を踏まえた評価

　新型コロナウイルス感染症（COVID-19）の流行以降、オンラインツールを使用した遠隔での授業が広がりを見せている。そしてこれは、ときに「ニューノーマル」などといわれるように、感染症対策としての臨時措置以上の意味をもって今後も取り入れられていくとみられる。実際に本協会が実施した調査研究からもこれは明らかだ。大学評価研究所が2020年度から2021年度にかけて実施したアンケート調査やインタビュー調査からは、オンライン教育を新たに実施することに伴う大学の戸惑いが見られた一方で、これを契機にオンライン教育の有用性を改めて認識し、新たな教育手法の開発に生かしていこうという姿勢も見られている[9]。

　こうしたことを踏まえるならば、大学の様々な取り組みのもと、授業形態のさらなる多様化が進展していくことを見込んで大学評価のあり方を考え、そして評価を通じて大学の多様な取り組みや挑戦を支援できるようにしていくことが重要な課題となる。では、基準や点検・評価項目等を考えていくにあたって具体的に論点になることはどのようなことだろうか。

　例えば、教育・学習といった点についていえば、学習の進捗等の状況や学生の学習の理解度・達成度の確認、授業外学習に資するフィードバック等のあり方といったことは重要な点になろう。教員と学生とが離れ離れにある状況では、学習の過程をより意識して構築していくことが欠かせない。また、オンライン教育を支えるための物的・人的支援、プライバシー、情報セキュリティの保護や、今まで当たり前のように機会があった学生間や学生と教員の間の人間関係の構築にも、これまでより注意が払われなければなるまい。

　ただし、ここで注意が必要である。いみじくも上記の説明において、「より意識して」といったり「これまでよりも」といったり、比較級の表現をとったことに注意を向けられたい。先に引いた調査研究でも示唆されたころだが、上に見たようなポイントは、それ自体として見れば対面式の教育や学習にとっても大事なことである。学習の進捗等の状況やと学生の学習の理解度・達成度の確認は、オンラインの場合だけ意識すればいいことではなく、対面式の時にも求められることだ。ここ数年のオンライン教育が浮かび上がらせたのは、単にオンライン教育の問題というより、実は大学教育が構造的に持っている課題であるといっても良く、少なからぬ識者もそうした見解を示している[10]。そうだとすると、本協会が今後点検・評価項目等を具体化していくにあたっては、狭くオンライン型の場合だけを視野に入れるのでなく、大学教育を総合的に考慮していくための視点が大事になってくるだろう。

4　学生の意見を取り入れた評価

　"学習"というものが次期の評価でキーワードになってくることは再三再四述べた。過度に強調するわけではないが、このことは学習者＝学生ということへの視点を必然化する。もとより、教育の当事者という意味で、本協会はこれまでも学生を重要なステークホルダーとみなし、実地調査に

際してはインタビューを実施して意見を聴取するなどしてきた。学ぶ側という立場から情報を得ることにより、評価の正確性や妥当性を高めることがその狙いであって、これまでも評価において重要な意味を持ってきたといえよう。したがって、基本的にはこれを次期も踏襲する考えだ。しかしながら、学生インタビューに参加する学生は一般的に10人前後であり、ほんの一部の声だといえばそうである。さらに適切な形で学生の声を活かし、大学と本協会との対話の深化を図るためには、より多くの学生の意見に触れる工夫が必要だ。もちろん、より多くを対象とするのであれば、インタビュー形式という面と向かっての直接的な聴取方式にこだわってはいられまい。アンケート式の調査を行うという海外の例もあるが [11]、こうしたことも参考にしつつ制度設計していくことになろう。

　なお、「学生の意見を取り入れた評価」といった場合、学生の意見をどういう方法で聞くかという評価手法面だけではなく、評価内容の面からも考えることが重要だと思われる。例えば、「大学がいかに学生に情報を伝達・開示し、また声を吸い上げているか」という、大学内における教職員と学生の間のコミュニケーションのあり方に目を向けて評価すること、そしてその前提として、大学がこれに対してどのような認識を持っているか、また現状はどのようであるかを巡って評価することは、ひとつのアイディアである。先にも触れた"学習"へのアプローチ強化に関係させながら、こうした問題意識を踏まえて評価内容を検討していく予定だ。

5　特色ある取り組みの評価

　認証評価は制度上、「特色ある教育研究の進展に資する観点から」も評価すべきとされる [12]。これに俟つまでもなく、大学人が作った大学団体たる本協会は、もとより各大学の理念・目的を尊重し独自の伸長を後押ししようとしてきた。特色ある取り組みの評価あるいは評価を通じて大学の取り組みを支援するというのは、本協会にとって常に大切な命題である。

　このことを評価手続の問題として具体的にいうならば、評価結果において「長所」をどう扱うかという問題となる。ここで「長所」というのは、評価者が取り上げ評価結果に「提言」のひとつとして「特記」するものを指している。いまここで次期に向けた改善ポイントを整理するにあたっては、まず前提として現状に目を向けないといけない。その際、今触れた「取り上げる」という点とその「特記」あるいは表現法という2つを切り口としてみる。

　まず「取り上げる」についてである。「長所」の基本定義は図表4、評価内容ごとの実績分布は図表5の如くである。実績からいえば、比較的に地域連携・地域貢献（基準9）に関わるものが多い。別言すれば、地域貢献と並んで、あるいはそれ以上に大学の柱である教育研究（基準4）については、その重要性に比しては多くないということである。図表5は2021

【図表4】

| 長所 | ① | 当該大学の掲げる理念・目的の実現に資する事項であり、有意な成果が見られる（期待できる）もの |
| | ② | わが国の高等教育において先駆性又は独自性のある事項であり、有意な成果が見られる（期待できる）もの |

【図表5】

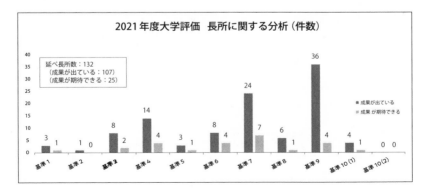

年度の実績を表したものだが、その他の年度についてもおおよそこの傾向にあることに変わりはない[13]。この背景としていえることは、地域連携・地域貢献などは個性が出やすく成果も明らかにしやすいことがまずあるだろう。加えて、内部質保証を重視し「全学的観点」に立つゆえに、個別具体である教育研究に関しては「長所」を取り上げにくいということもあるかもしれない。大学としての全学的な取り組みに多くの関心が払われる結果になるのは、ひとつの傾向である。もちろん、大学としての評価結果に特記する「長所」であるからには、取り組みへの意志や努力として組織性が求められ、継続性を担保するものが必要である。しかし、だからといって取り組み自体が全学的なものであることと直ぐにイコールではないはずだ。図表 4 に見る定義でもそれは意図していない。また、他大学一般を想定した時に他で見られない特異性や先進性がなければ、その大学としての優れた点でありえないというのも不条理である。大学の理念・目的にあった特色ある取り組みというのは、特異さ先進さということと常に同じではない。「大学らしさ」というと、「独自性」という意味でどうしても他者比較が介在してもくるのでこの語が適当かどうかは迷われるところだが、理念・目的に即してストーリー化できるその大学らしさにまずは定位しなければなるまい。

　なお、大学の声はどうなのか。本協会が評価実施後に行った調査によると[14]、長所について、教職員のモチベーション向上につながったなど好意的な受け止めは多い。一方、評価者の取り上げる長所が大学の考える長所と合致していないという意見もあり、このあたりも視野に収めねばなるまい。特異性や先進性を伴ったもの、取り組み自体が全学的なものに限ることなく、より適切に長所を取り上げ、大学の意欲的な取り組みを積極的に後押しできるように工夫する上では、要件再定義なども必要になるかもしれない。このことも含め目下検討中である。

　もちろんこれは、長所としての「特記」の仕方、表現法の問題でもある。つまりは、長所をどう表現すれば大学の後押しになって、社会の理解獲得

や他の大学の参考になるかということである [15]。さらにいえば、いかに特異性や先進性を伴ったものだけを長所としないとはいっても、例えば先進性の輝きを持ち他に秀でた取り組みがまさに秀でたものとして表現されることは大事なので、その工夫は必要である。一案として、すべてを同じ「長所」というラベルのもとで評価結果に特記するのでなく、何らかの段階付けをするという考え方がある。こうした案も俎上に載せつつ、これからの時間で制度設計していくことになろう。

6　効果的・効率的な評価の実施

　評価の結果、内部質保証機能が十全だと判断された大学が、以後自己認定権（self-accreditation）を得る例は海外で広く見られる。むしろそのための評価だといってもよい。もちろん、こうした例は、教育プログラム単位の質保証制度がもともとの前提にあるケースが多く、無条件には我が国の範例にならない。しかし、内部質保証を十全に機能させている大学に対して大学評価の柔軟性を高め、外からの介入度合いを下げることは考えられてよかろう。折しも、国は「先導性・先進性の確保」などとして図表6のような改善案を挙げているほか、設置基準上の特例も内部質保証の状況に連動させようとしている [16]。

【図表6】

【先導性・先進性の確保（柔軟性の向上）】
○認証評価で内部質保証の体制・取組が特に優れていることが認定された大学に対する弾力化措置（評価項目や評価手法の簡素化等） ○法令適合性等について適切な情報公表を行っている大学に対する弾力化措置（評価項目や評価手法の簡素化等）。 ○分野別評価と機関別評価をうける大学の負担軽減を意図した措置

出所：中央教育審議会大学分科会質保証システム部会「新たな時代を見据えた質保証システムの改善・充実について（審議まとめ）」p.21（※一部語句補正）

　そうなると問題なのは、内部質保証を十全に機能させている大学というものをどうパラフレーズし要件化するかである。一義的に理解可能な要件化となると、例えば現評価において基準2「内部質保証」で長所が特記された大学というのが考えられる[17]。しかしその際、要件と効果の関係でいって、どう柔軟性を認めるのかは簡単でない。なぜなら、長所として同定したものは多面的であり各大学それぞれだからだ。その意味では、例えば海外で見られる「自己認定権」付与のような措置（例：教育事項の評価の大幅軽減）を一律にとれるかといえば、すぐには首肯しえまい。要件と効果の関係は慎重になるべきポイントだ。もちろん、これも「ステップ」の問題であり、次期の大学評価は踏み出しの第1歩目として位置付けていくことも適当だろう。

　ところで、国の提起する課題は図表6に挙げた通り3つあり、本協会は「法令適合性等について適切な情報公表を行っている大学に対する弾力化措置」と「分野別評価と機関別評価をうける大学の負担軽減を意図した措置」についても対応していく考えだ。まず前者についてである。適切に情報公表している大学に対しては、例えば、公表情報をもって「大学基礎データ」の作成に代えられるとするのは一案である。総じて細かな数値を記載する資料だが、代替可能とすればの負担軽減になりうる。もちろん、各大学の公表情報は一定ではないので、代替可能な条件の設定は必要だ。また、「分野別評価の考慮」であるが、本協会はすでに第三者的な分野別評価の結果等を大学評価で活用してきている。次期評価もこの経験をベースに制度構想していくことになろうが、例えば、単科大学など分野別評価と大学評価の対象の重なりが大きいものについては、それをどう考慮して措置していくかということは改めて論点化されてよい。もちろんこれは、内部質保証の実質性を問うという本協会の基本的な立場を踏まえて考えていくことであって、分野別評価を受けたということを当該大学の内部質保証の試みの一環としてどう捉え論理化するかという問題となる。

おわりに

　以上、6つの柱を立てて述べてきたった。もちろん、本協会の大学評価の見直しにあたっては大小様々な論点があり、これに全てが尽きるわけではない。例えば、「研究」をどう扱うかという問題がある。グランドデザイン答申でも、「2040年を見据えた高等教育と社会の関係」として研究力の強化にも一項が割かれていたり[18]、「研究環境の整備や充実等」が認証評価等を充実する論点として政策課題視されていたりもする[19]。現在の大学基準でも研究のことは視野に収められ、評価手続としても、研究環境・条件の整備等は扱われている。もちろんその際、例えば人的支援といってもTA、RAというだけで足りるかということは再考すべきであろうし、クロスアポイントなどの人事についても評価上の観点があってよいだろう。これらは目下検討中である。

　評価手続の仔細を書くことを期待されながら、具体的措置というより論点ベースの記述となったことは、本稿の限界としてあらためて告白せねばならない。現在はまだ検討の途上だ。とはいえ、基本線は明確である。大学の理念・目的に沿った活動を支え、将来にわたって発展していくことを後押しできるような評価。日本の大学が国際的にも誇れるものであるために、本協会は取り組みを進めていく。

付言：本稿は、大学評価の見直しについて述べてきたが、同じ機関別認証
　　　評価として実施する短期大学の評価についても、同様の観点から見
　　　直しを進め、次期に向けて準備をしているところである。

(1)　本協会は大学機関別の認証評価を呼称して「大学評価」としている。

(2)　Martin, M.(ed), *Internal Quality Assurance : Enhancing higher education quality and gradnate emplayability*, Paris : IIEP-UNESCO, 2018.

(3)　大学基準協会『大学評価ハンドブック』、大学基準協会、2022 年、p. 3。

(4)　https://www.juaa.or.jp/accreditation/institution/

(5)　大学基準協会『内部質保証ハンドブック』、大学基準協会、2017 年、pp.85-90。

(6)　内部質保証と教育プログラム評価の関係については、『教学マネジメントと内部質保証の実質化』（永田恭介・山崎光悦編、東信堂、2021 年）に、各国事例を含む複数の論考が載せられているので参照されたい。

(7)　例えば、欧州諸国などでは外部評価は当然であろう。永田恭介・山崎光悦編前掲書第 2 部第 2 章、第 4 部第 1 章などを参照されたい。

(8)　その概要は、本書第 3 部第Ⅸ章を参照されたい。

(9)　大学基準協会大学評価研究所効果的オンライン教育のあり方と評価基準・視点に関する調査研究部会『効果的オンライン教育のあり方と評価基準・視点に関する調査研究報告書』、大学基準協会、2021 年。

(10)　例えば、本協会の広報誌「じゅあ」67 号に寄せられた金子元久氏の論考を参照されたい。

(11)　米国では、機関別アクレディテーションに際して、public comment や opinion survey などのかたちで学生等から広く意見を聞く例などが見られる（例えば、NECHE, *Policy and Procedure for Public Comments*, n.d.）。

(12)　学校教育法第百十条第二項に規定する基準を適用するに際して必要な細目を定める省令　第 1 条第 1 項第 2 号。

(13)　本協会ウェブサイトでは、「評価結果の分析」として、年度ごとに提言の分布等を公表しているので参照されたい（https://www.juaa.or.jp/institution/reslut）。

(14)　大学基準協会「「大学評価の有効性に関する調査」第 3 期（2018 年度〜）中間報告」、大学基準協会、2022 年、pp.12、21-23。

(15)　すでに本協会は、ウェブサイトで長所を検索可能とし、キーワードから様々な取り組みを探ったり、大学のコメントを見たりできるようにしている（https://www.juaa.or.jp/case_study）。

(16)　中央教育審議会大学分科会質保証システム部会「新たな時代を見据えた質保証システムの改善・充実について（審議まとめ）」、文部科学省、2022 年、pp.17-18、21。

(17)　2018 年〜 2021 年の 4 年間ののべ145 校中、5 校。

(18)　中央教育審議会「2040 年に向けた高等教育のグランドデザイン（答申）」、文部科学省、2018 年、pp.11-12。

(19)　中央教育審議会大学分科会質保証システム部会、前掲、p.7、p.19。

XI 日本高等教育評価機構における認証評価の基本的視点と大学評価基準の特質・今後の方向性

伊藤 敏弘
Ito Toshihiro

はじめに

　公益財団法人日本高等教育評価機構（JIHEE：Japan Institution for Higher Education Evaluation）（以下「評価機構」という。）は、「教育研究等の総合的な状況について、政令で定める期間ごとに、文部科学大臣の認証を受けた者（認証評価機関）による評価（認証評価）を受けるものとする。」（学校教育法第109条第2項）との規定を受け、私立大学等に対して第三者評価を実施する財団法人として2004年11月に発足、2012年4月には公益財団法人に移行し活動している。

　評価機構の活動目的は、大学等の自律的な質の向上及び改善を支援し、もって我が国の大学等の発展に寄与することである。評価の実施については、創設以来ピア・レビューの精神を礎に、各大学とのコミュニケーションを重視しながら、各大学の個性・特色に配慮し、建学の精神を生かした改革・改善に資する活動に取組んでいる。

　2004年度、日本に導入された7年ごとの認証評価は、2018年度から第3サイクルがスタートしている。評価機構では、2016年3月に公布された「学校教育法第110条第2項に規定する基準を適用するに際して必要な細目を定める省令の一部を改正する省令」（以下「細目省令」という。）を踏まえて、大学等の自律的な改革サイクルとして、ディプロマ・ポリシー、

カリキュラム・ポリシー及びアドミッション・ポリシーを起点とする内部質保証機能を重視した評価制度への転換を行うなど、評価システムの大幅な見直しを行い、第3サイクルの評価を実施している。あわせて、2020年4月施行の学校教育法第109条第5項の大学評価基準に適合しているか否かの認定の義務化をはじめとする法令等の改正にも対応した。

　本章では、評価機構における認証評価の基本的方針と評価基準の特質、さらに第3サイクルの検証状況を踏まえて今後の方向性について私見も踏まえて述べたい。

1　評価の基本的な方針

　評価機構は、次の9つの基本的な方針に基づいて評価を実施している。

① 　内部質保証を重視した評価
② 　評価機構の定める「評価基準」に基づく評価
③ 　教育活動の状況を中心とした評価
④ 　大学の個性・特色に配慮した評価
⑤ 　各大学の改革・改善に資する評価
⑥ 　ピア・レビューを中心とした評価
⑦ 　定性的評価を重視した評価
⑧ 　コミュニケーションを重視した評価
⑨ 　透明性が高く、信頼される評価システムの構築

2　評価基準

　評価機構が行う認証評価は、評価機構が定める評価基準及び方法、手順に基づき、各大学が教育研究活動等の総合的な状況を自己点検・評価した結果を分析し、機関全体として評価基準を満たしているかどうかを判断している。評価機構では、各大学の個性、特色、特性を十分に発揮できるよ

う配慮し、自律性を尊重した評価を行っている。また、認証評価は強制や義務による受身的なものではなく、各大学の教育研究活動等の向上や経営改革のための不可欠な手段であると位置付けている。

　これらのことから、各大学が掲げている使命・目的及び教育目的に基づいて、自発的かつ積極的に自己点検・評価に取組めるよう、評価基準は6つの基準で構成されており、基本的・共通的な事項に限定している。特に、内部質保証は、3つのポリシーを起点とする教育の質保証と大学全体の質保証を重点評価項目と位置付けて評価している。全ての基準は、基準6の内部質保証と関連付けて評価しており、基準1から基準5において、公表する「改善を要する点」があり、内部質保証システムの機能性に問題が起因する場合は、基準6でも指摘することとしている。さらに、内部質保証の機能性の評価では、これまでの設置計画履行状況等調査や外部評価等で指摘された事項の改善状況を示す資料の提出を大学に求め、確認している。

　6つの基準以外に各大学が個性・特色として重視している領域に関しては、大学が独自に基準を設定し、自己点検・評価を行うことを求めることで、大学の多様性に配慮している。さらに第3サイクルからは、大学のアピールしたい特記事項を記載することとした。特記事項は、大学の特色ある教育研究活動や事業等について、A4用紙1ページ以内で3つまで端的な記述を求めており、評価結果とともに、大学の特色をわかりやすく社会に公表している。

(1)　評価基準の構成

　評価機構は、大学の教育研究活動等を総合的に評価するために、「基準1.使命・目的等」「基準2.学生」「基準3.教育課程」「基準4.教員・職員」「基準5.経営・管理と財務」「基準6.内部質保証」の六つの基準を定めている。基準は、教育を中心とした大学の基本的・共通的な内容で構成されている。各基準には、評価項目である「基準項目」ごとに、大学が満たすことが必要な内容が定められている。「基準項目」ごとに、評価する上で必要な「評

価の視点」が設定されている。大学は、「評価の視点」を踏まえて「基準項目」ごとに「満たしている」「満たしていない」の自己判定を行うこととしている。

①　6つの評価基準

基準1.　使命・目的等

基準項目	評価の視点
1－1. 使命・目的及び 教育目的の設定	1-1-① 意味・内容の具体性と明確性 1-1-② 簡潔な文章化 1-1-③ 個性・特色の明示 1-1-④ 変化への対応
1－2. 使命・目的及び 教育目的の反映	1-2-① 役員、教職員の理解と支持 1-2-② 学内外への周知 1-2-③ 中長期的な計画への反映 1-2-④ 3つのポリシーへの反映 1-2-⑤ 教育研究組織の構成との整合性

基準2.　学生

基準項目	評価の視点
2－1. 学生の受入れ	2-1-① 教育目的を踏まえたアドミッション・ポリシーの策定と周知 2-1-② アドミッション・ポリシーに沿った入学者受入れの実施とその検証 2-1-③ 入学定員に沿った適切な学生受入れ数の維持
2－2. 学修支援	2-2-① 教員と職員等の協働をはじめとする学修支援体制の整備 2-2-② TA(Teaching Assistant)等の活用をはじめとする学修支援の充実
2－3. キャリア支援	2-3-① 教育課程内外を通じての社会的・職業的自立に関する支援体制の整備
2－4. 学生サービス	2-4-① 学生生活の安定のための支援
2－5. 学修環境の整備	2-5-① 校地、校舎等の学修環境の整備と適切な運営・管理 2-5-② 実習施設、図書館等の有効活用 2-5-③ バリアフリーをはじめとする施設・設備の利便性 2-5-④ 授業を行う学生数の適切な管理
2－6. 学生の意見・要望への 対応	2-6-① 学修支援に関する学生の意見・要望の把握・分析と検討結果の活用 2-6-② 心身に関する健康相談、経済的支援をはじめとする学生生活に関する学生の意見・要望の把握・分析と検討結果の活用 2-6-③ 学修環境に関する学生の意見・要望の把握・分析と検討結果の活用

基準3．教育課程

基準項目	評価の視点
3－1. 単位認定、卒業認定、修了認定	3-1-① 教育目的を踏まえたディプロマ・ポリシーの策定と周知 3-1-② ディプロマ・ポリシーを踏まえた単位認定基準、進級基準、卒業認定基準、修了認定基準等の策定と周知 3-1-③ 単位認定基準、進級基準、卒業認定基準、修了認定基準等の厳正な適用
3－2. 教育課程及び教授方法	3-2-① カリキュラム・ポリシーの策定と周知 3-2-② カリキュラム・ポリシーとディプロマ・ポリシーとの一貫性 3-2-③ カリキュラム・ポリシーに沿った教育課程の体系的編成 3-2-④ 教養教育の実施 3-2-⑤ 教授方法の工夫・開発と効果的な実施
3－3. 学修成果の点検・評価	3-3-① 三つのポリシーを踏まえた学修成果の点検・評価方法の確立とその運用 3-3-② 教育内容・方法及び学修指導等の改善へ向けての学修成果の点検・評価結果のフィードバック

基準4．教員・職員

基準項目	評価の視点
4－1. 教学マネジメントの機能性	4-1-① 大学の意思決定と教学マネジメントにおける学長の適切なリーダーシップの確立・発揮 4-1-② 権限の適切な分散と責任の明確化に配慮した教学マネジメントの構築 4-1-③ 職員の配置と役割の明確化などによる教学マネジメントの機能性
4－2. 教員の配置・職能開発等	4-2-① 教育目的及び教育課程に即した教員の採用・昇任等による教員の確保と配置 4-2-② FD(Faculty Development) をはじめとする教育内容・方法等の改善の工夫・開発と効果的な実施
4－3. 職員の研修	4-3-① SD(Staff Development) をはじめとする大学運営に関わる職員の資質・能力向上への取組み
4－4. 研究支援	4-4-① 研究環境の整備と適切な運営・管理 4-4-② 研究倫理の確立と厳正な運用 4-4-③ 研究活動への資源の配分

基準5．経営・管理と財務

基準項目	評価の視点
5−1. 経営の規律と 誠実性	5-1-① 経営の規律と誠実性の維持 5-1-② 使命・目的の実現への継続的努力 5-1-③ 環境保全、人権、安全への配慮
5−2. 理事会の機能	5-2-① 使命・目的の達成に向けて意思決定ができる体制の整備とその機能性
5−3. 管理運営の円滑化と相互チェック	5-3-① 法人及び大学の各管理運営機関の意思決定の円滑化 5-3-② 法人及び大学の各管理運営機関の相互チェックの機能性
5−4. 財務基盤と収支	5-4-① 中長期的な計画に基づく適切な財務運営の確立 5-4-② 安定した財務基盤の確立と収支バランスの確保
5−5. 会計	5-5-① 会計処理の適正な実施 5-5-② 会計監査の体制整備と厳正な実施

基準6．内部質保証

基準項目	評価の視点
6−1. 内部質保証の 組織体制	6-1-① 内部質保証のための組織の整備、責任体制の確立
6−2. 内部質保証のための 自己点検・評価	6-2-① 内部質保証のための自主的・自律的な自己点検・評価の実施とその結果の共有 6-2-② IR(Institutional Research) などを活用した十分な調査・データの収集と分析
6−3. 内部質保証の機能性	6-3-① 内部質保証のための学部、学科、研究科等と大学全体のPDCA サイクルの仕組みの確立とその機能性

② **独自基準**

　6つの「基準」のほかに、大学が個性・特色として重視し、活動している領域（例えば、国際協力、社会貢献、研究活動等）に関しては、独自の基準、基準項目、評価の視点を設定し、自己点検・評価することが求められる。独自基準は、評価機構が定める基準に基づく自己評価と同様、「基準項目」ごとに、(1) 自己判定 (2) 自己判定の理由 (3) 改善・向上方策（将来計画）を、さらに基準全体についての自己評価を記述する。独自の基準は基準6 の次から記載し、「基準A」「基準B」などとする。評価機構は独自の基準の評価についてコメントを付すが、満たしているなどの判定は行わない。

③　特記事項

　独自基準に記載されている事項以外で、特にアピールしたい点について、3点までＡ４・１ページ以内で記述することができる。記述は任意としているが、この特記事項は、特色ある教育研究活動や事業等を社会に公表することを通じて、大学の取組みの更なる向上と、他大学の改革・改善の参考となることを期待しているものである。特記事項の範囲は、独自基準以外の、法人を含む活動が範囲としている。

3　今後の方向性

　評価機構では、第3サイクルの認証評価の検証を行うため、2021年度に第3期認証評価の中間検証に関するアンケートを実施した。対象は、2018年度から2020年度までに認証評価を実施した大学74校、短期大学3校、合わせて77校とした。回答は、大学61校、短期大学2校、計63校（回答率81.8%）であった。その中で認証評価の成果に関するアンケートは以下の通りとなった。これらの結果から今後の認証評価の方向性について考えてみたい。

> ○認証評価の成果についてお尋ねします

認証評価のための自己点検・評価や評価結果への対応など、今までに認証評価を受けたことが、次の項目の実現や促進につながったと思いますか。項目ごとに、5から1のうち一つ選んでください。※認証評価を受ける前に実現していたなど、認証評価とは関係ないと思われる場合は1を選んでください。

	5. 大いにつながっている	4. ある程度つながっている	3. つながっていない	2. つながっているかわからない	1. 親・促しているが認証評価とのつながりではない	未回答	合計
1. 教育の質の保証	20	37	0	1	4	1	63
	31.7%	58.7%	0.0%	1.6%	6.3%	1.6%	100.0%
2. 管理・運営における質の保証	18	39	0	1	4	1	63
	28.6%	61.9%	0.0%	1.6%	6.3%	1.6%	100.0%
3. 学内の改革・改善への意識の向上	19	39	1	0	3	1	63
	30.2%	61.9%	1.6%	0.0%	4.8%	1.6%	100.0%
4. 強みや優れた点の学内外での認知度向上	10	34	4	5	9	1	63
	15.9%	54.0%	6.3%	7.9%	14.3%	1.6%	100.0%
5. 個性や特色の学内外での認知度向上	4	35	3	7	12	2	63
	6.3%	55.6%	4.8%	11.1%	19.0%	3.2%	100.0%
6. 社会から貴学への理解と支持	1	30	3	15	12	2	63
	1.6%	47.6%	4.8%	23.8%	19.0%	3.2%	100.0%
7. 質保証に関する教職員の理解の高まり	19	36	0	2	3	3	63
	30.2%	57.1%	0.0%	3.2%	4.8%	4.8%	100.0%
8. PDCAの仕組みの有効化	16	38	2	0	5	2	63
	25.4%	60.3%	3.2%	0.0%	7.9%	3.2%	100.0%
9. 教学マネジメントの有効化	17	35	1	2	6	2	63
	27.0%	55.6%	1.6%	3.2%	9.5%	3.2%	100.0%
10. 学内の連携・情報共有の促進	10	37	0	4	10	2	63
	15.9%	58.7%	0.0%	6.3%	15.9%	3.2%	100.0%
11. 情報公開の促進	14	34	1	0	12	2	63
	22.2%	54.0%	1.6%	0.0%	19.0%	3.2%	100.0%
12. 将来計画の策定や改定	8	37	1	4	11	2	63
	12.7%	58.7%	1.6%	6.3%	17.5%	3.2%	100.0%
13. 貴学が抱える問題点の明確化	14	37	0	2	7	3	63
	22.2%	58.7%	0.0%	3.2%	11.1%	4.8%	100.0%
14. 志願者の増加	0	10	13	19	19	2	63
	0.0%	15.9%	20.6%	30.2%	30.2%	3.2%	100.0%
15. 学生満足度の上昇	3	21	4	16	17	2	63
	4.8%	33.3%	6.3%	25.4%	27.0%	3.2%	100.0%
16. 留年・休学者（率）の減少	0	12	13	18	18	2	63
	0.0%	19.0%	20.6%	28.6%	28.6%	3.2%	100.0%
17. 退学者（率）の減少	0	12	12	19	18	2	63
	0.0%	19.0%	19.0%	30.2%	28.6%	3.2%	100.0%
18. 就職率の上昇	0	13	11	14	23	2	63
	0.0%	20.6%	17.5%	22.2%	36.5%	3.2%	100.0%
19. 競争的資金の申請・獲得件数（額）の増加	1	12	20	14	14	2	63
	1.6%	19.0%	31.7%	22.2%	22.2%	3.2%	100.0%
20. 理事会の出席率上昇	3	22	5	12	19	2	63
	4.8%	34.9%	7.9%	19.0%	30.2%	3.2%	100.0%
21. 評議員会の出席率上昇	3	20	7	11	20	2	63
	4.8%	31.7%	11.1%	17.5%	31.7%	3.2%	100.0%

　認証評価を受けて実現や促進につながった事項のうち、「大いにつながっ
ている」「ある程度つながっている」の計を見てみると、90%以上が、「1. 教
育の質保証」「2. 管理・運営における質の保証」「3. 学内の改革・改善への
意識の向上」と高く、次いで 80%が「8.PDCA の仕組みの有効化」「9. 教
学マネジメントの有効化」「13. 貴学が抱える問題点の明確化」と大学内部
の改革につながる項目が高かった。一方、20%程度と低い数値は、「14. 志
願者の増加」「16. 留年・休学者（率）の減少」「17. 退学者（率）の減少」「18.
就職率の上昇」「19. 競争的資金の申請・獲得件数（額）の増加」などの実
数の増加や率に関する事項が多く、これらの改善に認証評価がすぐに結び
つくものではないことがわかる。
　次に、評価機構の特色ともいえる独自基準に関するアンケート結果で検
証してみたい。

○「独自基準」についてお尋ねします。
※独自基準＝当機構のほかに、大学・短期大学が独自に設定し、自己点検・評価する基準

「独自基準」を設定し、自己点検・評価することは、貴学の改革・改善に役立ちましたか。

「独自基準」が改革・改善に役立ったか	回答数	割合
とてもそう思う	13	20.6%
そう思う	39	61.9%
あまりそう思わない	7	11.1%
全くそう思わない	2	3.2%
独自の基準は設定していない	0	0.0%
未回答	2	3.2%
合計	63	100.0%

「独自基準」について、評価報告書に記載の「概評」は、貴学の改革・改善に役立ちましたか。

「概評」が改革・改善に役立ったか	回答数	割合
とてもそう思う	12	19.0%
そう思う	37	58.7%
あまりそう思わない	10	15.9%
全くそう思わない	1	1.6%
「独自基準」は設定していない	0	0.0%
未回答	3	4.8%
合計	63	100.0%

「独自の基準」を設定、自己点検・評価し、認証評価で「概評」を記す仕組みについて、どのようにお考えですか。

「概評」が改革・改善に役立ったか	回答数	割合
今後も継続してほしい	45	71.4%
仕組みを変更してほしい	2	3.2%
わからない	12	19.0%
未回答	4	6.3%
合計	63	100.0%

　この結果をみると、「独自基準を設定し、自己点検・評価することは、貴学の改革・改善に役立ちましたか。」という問いでは、「とてもそう思う」「そう思う」の合計は 82.5％ と高く評価されており、一定の役割を果たしていると考える。また独自基準は、「適合」「不適合」の判定とは関係なく、概評のみを評価報告書に記載しているが、その概評が大学の改革・改善へつながったかどうかの問いには、「とてもそう思う」「そう思う」の合計で 77.7％ と比較的高い数値となった。さらに、独自基準の継続性についての問いでは、「今後も継続してほしい」が 71.4％ という結果になった。この独自基準は、大学の特色の進展に資する評価として、さらに充実させていく必要があろう。

　次に、認証評価の負担感についてのアンケート結果を見てみたい。

○認証評価の負担感についてのお考えをお尋ねします。

認証評価を受けることに負担を感じますか。以下の項目ごとに 5 から 1 のうち一つ選んでください。

負担感	とても負担である	負担である	どちらでもない	あまり負担ではない	全く負担ではない	未回答	合計
自己点検評価書の作成	18	30	9	3	0	3	63
	28.6%	47.6%	14.3%	4.8%	0.0%	4.8%	100.0%
エビデンス集（データ編）の作成 ※所定の様式に入力して作成するデータ集	16	30	11	3	0	3	63
	25.4%	47.6%	17.5%	4.8%	0.0%	4.8%	100.0%
エビデンス集（資料編）の作成 ※大学・短期大学が独自に作成する資料集	24	28	6	2	0	3	63
	38.1%	44.4%	9.5%	3.2%	0.0%	4.8%	100.0%
書面質問への対応（回答・追加資料の提出）	12	29	16	3	0	3	63
	19.0%	46.0%	25.4%	4.8%	0.0%	4.8%	100.0%
実地調査のための資料の準備や手配等	16	26	18	0	0	3	63
	25.0%	41.0%	29.0%	0.0%	0.0%	5.0%	100.0%
実地調査（当日）の対応	8	24	21	7	0	3	63
	12.7%	38.1%	33.3%	11.1%	0.0%	4.8%	100.0%
報告書案の確認・意見申立て	3	22	22	11	2	3	63
	4.8%	34.9%	34.9%	17.5%	3.2%	4.8%	100.0%

　さまざまな答申等においても、認証評価の負担感の軽減について言及されているが、このアンケート結果の「とても負担である」「負担である」の計を見てみると、「自己点検評価書の作成」「エビデンス集（データ編）の作成　※所定の様式に入力して作成するデータ集」「エビデンス集（資料編）の作成　※大学・短期大学が独自に作成する資料集」の資料作成への負担が高く、そのうち「エビデンス集（資料編）の作成」は 80％を超えており、負担感が非常に高い。これは、紙ベースでの提出を求めていることから、ファイリングやインデックスなどの煩瑣な作業が多いことが自由記述での回答からも伺える。資料提出後、実地調査までの負担感では、「書面質問への回答」と「実地調査のための資料の準備や手配等」がどちらも 70％弱と比較的高いが、実地調査自体は、50％程度という想定していたよりは比較的低い数値であった。これらの結果から、第 4 サイクルへ向けて、資料等の電子データでの提出等が大学の負担軽減に大きくつながるものと考える。

おわりに

　2019 年末からのコロナ禍で急速なデジタル化が進展し、働き方改革など
も踏まえ、さまざまな社会行動が変わりつつある。コロナ禍以前に日常で
あったことが非日常になり、非日常であったものが日常になっている。こ
のピンチともいえる状況を次へのステップアップとする改革のチャンスと
捉え、これまでの評価システムについても改めて見直しを行い、コロナ禍
以前より、有効的かつ効率的な実施方法等を検討する必要があろう。

　認証評価の細目省令では、自己点検・評価の分析と実地調査は必須な事項
として挙げられているが、コロナ禍の状況を踏まえて文科省から事務連絡が
あり、これを根拠に、評価機構では、この 2 年間、Web 会議システムを利用
してのオンライン実地調査及び全ての会議等をオンラインで行った。この 2
年間の経験は、ある意味貴重であり、オンラインでできること、現地へ赴いて
の実地でしかできないことがアンケート等を通じて確認できた。今後は、これ
らを検証し、これまでの対面型とコロナ禍で進んだオンライン型のミックス型
となるハイブリットのベストな組み合わせを検討し、評価員と大学にとってよ
り効率的な方法を模索する必要がある。認証評価の役割とその効果をより明
確にし、システムの効率化を図り継続可能な質保証システムを確立すること
で、大学の持続的な発展に寄与できるものと思慮する。さらに、評価機構の
受審大学は、私立大学が多いため、評価機構の独自基準について再考し、大
学の独自性が打ち出せる評価システムの確立が必要と考える。

　最後に、早田幸政先生には、2009 年から評価機構の短期大学評価判定委
員として、さらに現在も意見申し立て審査会委員、評価システム改善検討
委員会委員としてご尽力をいただいており、改めて深く感謝申し上げたい。

参考・引用文献
・日本高等教育評価機構　『大学機関別認証評価 実施大綱（令和 2 年 4 月 1 日施行）』
・日本高等教育評価機構　『大学評価基準　平成 30 年度版（平成 29 年 4 月改訂）』
・日本高等教育評価機構　『令和 4 年度　大学機関別認証評価　受審のてびき』

XII　日本高等教育評価機構における認証評価手続きを進める際の留意点

陸　鐘旻

Lu Zhongmin

はじめに

　公益財団法人日本高等教育評価機構（以下「評価機構」という。）は、平成 17（2005）年に認証評価機関として、文部科学大臣から認証されてから、大学機関別認証評価、短期大学機関別認証評価及びファッション・ビジネス系専門職大学院の認証評価に鋭意取組んでおり、令和3（2021）年度までの17 年間において、延べ748 の大学、26 の短期大学の機関別認証評価と、ファッション・ビジネス系専門職大学院の認証評価を3 度実施し、評価結果とともに特色ある取組みや他校等の参考となる優れた取組み等を公表した。

　本章では、評価機構が最も実績が多い大学機関別認証評価（以下「認証評価」という。）に関する諸手続きや実施に当たっての留意点などを中心に述べることとしたい。

1　受審に当たって

（1）認証評価の基本スケジュール

　認証評価の基本スケジュールは、以下のとおり。受審する大学（以下「受審校」という。）にはこの流れを十分に理解した上で受審することを求めている。

前年度	
7月	認証評価の申請を受付ける。
8月	評価機構から申請受理通知書を発送する。
9月	評価機構は、受審校に対して、認証評価のための「自己点検評価書」の記述方法や今後のスケジュール等について説明会や個別相談会を実施する。
当該年度	
4月	評価機構から評価料を請求する。
5月	評価機構から評価チーム決定通知を発送する。
6月まで	評価機構の「大学機関別認証評価 受審のてびき」に基づき、自己点検・評価を行い、その結果を「自己点検評価書」としてまとめ、エビデンスとともに評価機構へ提出する。
7月以降	評価チームにおいて、「自己点検評価書」及びエビデンスの検討・分析などの書面調査を行う。
10月以降	評価チームは、書面調査の分析結果をもとに実地調査を行う。
12月下旬	評価機構は、書面調査と実地調査の結果を踏まえて評価チームが作成した「評価チーム評価報告書案」を通知するとともに、「評価チーム評価報告書案」の内容に対する意見申立てを受付ける。
1月下旬	大学評価判定委員会（以下「判定委員会」という。）は、「評価チーム評価報告書案」及び意見申立ての内容を考慮し、また、必要に応じて評価員等に対するヒアリングを行い、事実確認等をした上で、「評価報告書案」を作成する。
2月上旬	評価機構は、評価結果を最終的に確定する前に、「評価報告書案」を通知するとともに、判定等に対する意見申立てを受付ける。
2月下旬	意見申立て審査会を開催し、意見申立ての内容を審議する。
3月上旬	判定委員会は、意見申立て審査会の審議結果を踏まえて、「評価報告書案」を確定する。
3月中旬	「評価報告書案」を理事会へ提出し、承認を得てから「評価報告書」として通知するとともに、文部科学大臣へ報告し、評価機構ホームページ等を通じて広く一般社会に公表する。

（2）実施体制等

　認証評価を実施するに当たっては、国公私立大学の関係者、高等学校関係者、学協会及び経済団体の関係者等の18人以内で構成する判定委員会の下に、具体的な評価を行うために、評価員で構成された評価チームを編制しており、評価員は登録制として、広く大学等の関係者で構成している。各受審校の教育研究分野や地域性などの状況が多様であることを勘案し、評価チームには、適切に評価し得る評価員を配置している。また、評価員の人数は原則として5人としているが、規模や学部構成によって増減することもある。

　認証評価をより実効性の高いものとするためには、客観的な立場から専門的な判断を基礎とした信頼性の高い評価を行う必要がある。このため、

評価員に対し、共通理解のもとで、公正、適切かつ円滑にその評価活動を遂行できるように、評価機構が設定する評価基準及び評価の実施方法を中心とした説明会などを行うとともに、必要に応じて、評価員経験者からの経験談や評価チームごとのグループ研修などを実施し、評価員の意思統一及び評価の質の向上を図っている。

　評価の公正性を担保するために、次のような受審校に直接関係する評価員及び判定委員会委員は、評価の業務に従事できないこととしている。

　(1)　卒業者。

　(2)　専任、又は兼任として在職（就任予定を含む。）し、あるいは5年間以内に在職していた者。

　(3)　役員として在職（就任予定を含む。）し、あるいは5年間以内に在職していた者。

　(4)　教育研究又は経営に関する重要事項を審議する組織に参画しており（参画予定を含む。）、あるいは5年間以内に参画していた者。

　(5)　競合する近隣の大学の関係者。

　(6)　その他、評価機構で不適正と認める者。

（3）自己点検・評価の取組み方

　認証評価は、「自己点検評価書」に基づいて行うこととしているため、認証評価が適切かつ効率的に行われるためには、自己点検・評価が本来の趣旨に沿って適切に行われていることが前提となる。

　受審校全体の状況が評価の対象であり、可能な限り全教職員が関わる委員会など、全学的組織において取組むことが期待される。自己点検・評価の目的は、使命や目標の達成状況などについて自らを評価することにより、教育研究活動の向上・改善に資することであるため、受審校は、この点について、全学的に理解を促す必要がある。

（4）認証評価の内容と結果

　評価機構が行う認証評価は、教育研究活動や管理運営及び財務などの総合的な状況について、「自己点検評価書」に基づき、評価基準を満たしているかを中心に評価し、判定を行う。

　評価基準として、「基準 1. 使命・目的等」「基準 2. 学生」「基準 3. 教育課程」「基準 4. 教員・職員」「基準 5. 経営・管理と財務」「基準 6. 内部質保証」の六つの「基準」を設定している。この評価基準は、教育を中心とした大学の基本的・共通的な内容で構成されており、「基準項目」ごとに満たすことが必要な内容を定めている。また、各「基準項目」には、各「基準項目」を評価する上で必要な「評価の視点」を設定している。

　特に、「基準 6. 内部質保証」は、その他の五つの「基準」の評価とも関連付けた重点評価項目として設定している。

　評価と判定の詳細は以下のとおり。

(1)　「評価の視点」の内容を踏まえて、「基準項目」ごとに「満たしている」または「満たしていない」の評価を行う。

(2)　「基準項目」の評価を踏まえて、「基準」ごとに「満たしている」または「満たしていない」の評価を行う。

(3)　「基準項目」を全て「満たしている」場合は、「基準」を「満たしている」と評価する。

(4)　「基準 6. 内部質保証」以外の五つの「基準」において、満たしていない「基準項目」がある場合、その「基準」の総合的な状況を勘案して、教育研究等の質が担保されていると確認できる場合は、「基準」を「満たしている」と評価し、確認できない場合は、「基準」を「満たしていない」と評価する。

(5)　「基準 6. 内部質保証」に満たしていない「基準項目」がある場合は、「基準 6. 内部質保証」を「満たしていない」と評価する。

(6)　六つの「基準」を全て満たしている場合は、「適合」とする。

(7)　六つの「基準」のうち、満たしていない「基準」が一つ以上ある場

合は、「不適合」とする。

(8)　「自己点検評価書」の作成、実地調査など、評価機構が行う評価の過程において、虚偽の報告や事実の隠蔽等重大な社会倫理に反する行為が意図的に行われていると判定委員会が判断した場合は、「不適合」とする。

（5）事前相談

①　事前相談とは

受審年度の4月から実地調査を受けるまでの間に、評価機構と行う相談を事前相談といい、「自己点検評価書」の作成方法、実地調査のスケジュール調整や準備などについて相談することができる。

②　受け方

事前相談を希望する場合は、受審校が評価機構の担当者に連絡し、日程調整後、相談内容をあらかじめ提示した上で実施する。

2　自己点検評価書の提出に当たって

（1）自己点検評価書の作成

①　自己点検評価書の構成と記述

「自己点検評価書」は、100ページ以内での作成を求めており、表紙、目次及び以下の①～⑦の7項目で構成されている。

①建学の精神・大学の基本理念、使命・目的、大学の個性・特色等

②沿革と現況

③評価機構が定める基準に基づく自己評価

自己評価は六つの「基準」に示されている「評価の視点」に沿って、学校教育法及び大学設置基準などの内容を踏まえて、「基準項目」と基

準全体で自己評価を行う。

　「基準項目」ごとに記述する項目

　・自己判定

　　　教育研究活動等の状況を、必要に応じて学部・研究科ごとに区分して分析し、その結果に基づいて「満たしている」または「満たしていない」の「自己判定」を行う。

　・自己判定の理由（事実の説明及び自己評価）

　　　使命・目的や関係諸法令に照らして、その取組みや現状について、必要に応じて経緯を踏まえながら分かりやすい文章で、エビデンスなどを用いた分析結果を含め可能な限り客観的に記述する。「評価の視点」ごとに細分化して記述することも可能である。

　・改善・向上方策（将来計画）

　　　改善・向上方策の具体的な取組み・検討事項に対する学内体制や改善プロセス、将来計画などについて記述する。

　「基準」全体で記述する項目

　　基準全体に関して、エビデンスなどを用いて分析結果を記述する。

④独自に設定した基準による自己評価

　六つの「基準」のほかに、個性・特色として重視している領域（例えば、国際協力、社会貢献、研究活動等）に関しては、独自の「基準」「基準項目」「評価の視点」を設定し、自己点検・評価する。

⑤特記事項

　任意ではあるが、「独自基準」の事項以外で特にアピールしたい点について、3 点まで、1 ページ以内で「特記事項」として記述することができる。この特記事項は、特色ある教育研究活動や事業等を社会に公表することを通じて、取組みの更なる向上と、他大学の改革・改善の参考となることを期待している。

⑥法令等の遵守状況一覧

　各法令について、遵守していれば「○」を、遵守できていなければ「×」

を「遵守状況」の欄に記入し、その状況を「遵守状況の説明」の欄に簡潔に記述する。該当しない場合は、「−」を記載する。

⑦エビデンス集一覧

　「自己点検評価書」の巻末に、「エビデンス集（データ編)」と「エビデンス集（資料編)」の一覧表を記載する。

②　記述の留意点

①根拠に基づいて簡潔に記述する。

②図表を活用する。

③改善・向上方策は具体的に記述する。

④基準間やエビデンスとの整合性を図る。

⑤「自己点検評価書」の全体を調整する。

③　形式の指定

　評価機構は、「自己点検評価書」の公平を期すために、ページ数、文字の大きさ、余白などの形式を指定している。様式のデータは評価機構ホームページからダウンロードできる。

(2) エビデンス集の作成

　エビデンス集とは、「自己点検評価書」において自己判定を行う際に根拠となるもの（各種会議体の議事録の写し、資料、統計・データなど）を指し、「エビデンス集（データ編)」と「エビデンス集（資料編)」の2種類がある。

①　エビデンス集（データ編）

　「エビデンス集（データ編)」は、様式に従って、原則として受審年度5月1日現在のデータで作成する。個々の様式の注釈において作成年に関する指示がある場合はこれに限らない。提出は電子データのみとする。

②　エビデンス集（資料編）

　「エビデンス集（資料編）」は、一覧表、基礎資料、各基準項目に該当する資料により構成される。基礎資料は「エビデンス集（資料編）」一覧で指定された最新の資料を準備する。各基準項目の資料は、規則類、各種会議体の議事録の写し、資料、統計・データなど「自己点検評価書」における自己評価の根拠となる資料を基準項目ごとに必ず提出する。

（3）電子データの作成

　「自己点検評価書」「エビデンス集（データ編）」「エビデンス集（資料編）」の一覧表などの電子データを作成し、指定の形式で保存した上、評価機構へ提出する。

（4）提出物

　評価機構へ提出するものは、以下のとおり。
　①「自己点検評価書」…20 部
　②「エビデンス集（資料編）」… 評価員数＋1 部
　③「エビデンス集（データ編）」など指定の電子データ

3　実地調査の実施に当たって

（1）書面質問及び依頼事項への対応

①　書面質問及び依頼事項

　実地調査の準備として、事前に評価員から書面質問と依頼事項を送付し、約2週間以内に回答する。

②　回答方法

　「書面質問及び依頼事項」は受審校へ送付し、締切日までに評価機構の担当者へ返送する。評価員は基準や基準項目ごとに分かれて質問を作成す

るため、一部内容が重複する場合があるが、該当する基準及び基準項目ごとに回答を記入する。「実地調査前に求める資料」についても、締切日までに提出する。

（2）各種手配

　実地調査を受けるに当たり、さまざまな準備が必要となる。手配の時期には、第1回評価員会議までに行うものと、実地調査日までに行うものがある。第1回評価員会議は、実地調査の約2か月前に開催予定。適時、評価機構担当者から依頼するが、実地調査時の主な手配事項は以下のとおり。
　①宿泊施設の手配
　②移動手段の手配
　③評価員会議室の手配
　④各種面談室等の準備
　⑤視察ルートの設定
　⑥各種面談者の選出
　⑦昼食の手配

（3）資料の提出

　実地調査のために視察ルート案や各種面談のスケジュールなどを提出する必要がある。それぞれの提出時期は評価機構担当者から連絡する。評価チームから変更の要望があった場合には、再度、調整などの対応を依頼することがある。

（4）実地調査当日

　実地調査は、原則として2泊3日で行うが、規模や書面調査の状況を勘案して、第1回評価員会議（受審年度7月末〜9月下旬に開催）で詳細なスケジュールを決定し、連絡する。

① **基本スケジュール**

　２泊３日で行う場合の基本のスケジュールは以下の表のとおり。複数の
キャンパスがある場合は移動日に視察を実施するなど、受審校の状況や評
価チームの要望に応じてスケジュールの調整を依頼する場合がある。

時刻	移動日	第1日　項目	進行	第2日　項目	進行
		評価チームの移動	大学	評価チームの移動	大学
9:00		② 第2回評価員会議	−	③ 資料・データの点検	−
				⑩ 教育研究環境の視察	大学
10:00		③ 資料・データの点検	−		
11:00		④ 受審校や機構職員との打合せ		⑧ 大学関係者と基準ごとの面談（教職員等）	評価チーム
		⑤ 顔合わせ	大学		
12:00		⑥ 大学責任者との面談　※顔合わせに引き続き（基準1、特記事項含む）	評価チーム	昼食	−
13:00		昼食		⑪ 追加面談、教育研究環境の追加視察等	評価チーム
14:00		⑦ 学生との面談	評価チーム		
15:00		③ 資料・データの点検	−	⑫ 第4回評価員会議	−
		⑧ 大学関係者と基準ごとの面談（教職員等）	評価チーム		
16:00				⑬ 終了の挨拶　※目安10分、団長による挨拶	評価チーム
17:00				評価チームの移動	大学
		評価チームの移動	大学		
18:00		⑨ 第3回評価員会議	−		
19:00	① 評価チームの移動				
20:00	前泊				

4　評価結果の確定

（1）確定までのプロセス

　評価結果は、評価チームが作成する報告書案と、それに対する意見を踏まえて、判定委員会が決定し、評価機構理事会が承認する。評価が及ぶ期日の範囲は、原則として実地調査終了までとし、それ以降の改善内容は勘案されないが、「不適合」の判定に当たっては、その期日を判定委員会による「評価報告書案」が確定する日までとする。

①　報告書案の受領

　実地調査が終了すると、評価機構から報告書案を二度受取ることになり、一度目は評価チームが作成する「評価チーム評価報告書案」、二度目は判定委員会の審議を経て評価結果が記載された「評価報告書案」である。

②　意見申立て

　評価チーム評価報告書案、評価報告書案とも、疑問点や事実と相違する点などが生じた場合は、評価機構に対して意見申立てを行うことができる。なお、「不適合」の判定に当たっては、評価が及ぶ期日を判定委員会による評価報告書案が確定する日までとし、それぞれの報告書案で「満たしていない」基準項目にある「改善を要する点」に対する改善状況も含めて意見申立てを行うことができる。

　意見申立て期間はそれぞれ10日間程度で、受審校は期間内に、該当部分と意見、根拠資料を記載した文書を評価機構へ送付する。評価チーム評価報告書案への意見は、評価チームが対応案を作成し、判定委員会において審議する。評価報告書案への意見は、まず意見申立て審査会で審議した上で、判定委員会がその審議結果を踏まえて評価報告書案を確定する。評価報告書案への意見申立ての審議結果は評価報告書などとともに送付する。

（2）結果の受領

　評価結果は3月に評価機構の理事会の承認を経て、通知する。判定が「適合」の場合には、認定証、認定マーク取扱要領、認定マークデータを送付する。

（3）事後相談
①　事後相談とは

　評価結果の確定後、当該年度の3月末日までの間に、評価機構と対面で行う相談を事後相談といい、評価結果の内容、意見申立てに対する審議の経緯等及び改善報告書の提出など、今後の手続きなどについて相談することができる。

②　受け方

　事後相談を希望する場合は、受審校があらかじめ評価機構の担当者に連絡し、日程調整の後、評価機構に「事後相談依頼書」を提出し、評価機構が受領後、回答書を送付する。なお、事後相談は評価機構で行う。

（4）評価結果の報告及び公表

　「評価報告書」は、文部科学大臣に報告するとともに、評価機構ホームページで公表する。

（5）アンケートの実施

　認証評価の運営等の改善と充実のために、アンケート調査を行う。

5　次回の受審まで

（1）自己点検評価書の公開

評価結果の確定後、評価機構ホームページに「自己点検評価書」を掲載する。

（2）改善報告書等の公表及び提出

「適合」の判定を受けた受審校のうち、評価報告書で「改善を要する点」の指摘があった場合は、評価機構は、改善報告書等をホームページで公表するとともに評価機構への提出を求める。

（3）追評価

「不適合」の判定を受けた受審校は、追評価を受けることができる。追評価を希望する場合は、指定の期日までに追評価の申請書類を提出する。

（4）その他のフォローアップ

「不適合」の判定を受けた受審校を含め、講評や相談などの求めがあった場合は、評価機構において審議を行い、対応する。

おわりに

評価機構は、本稿に記載した内容を含めた評価システムを以下の主要参考・引用文献などの刊行物に記載し、会員校などへ配布するとともに、評価機構ホームページで公表している。また、毎年度4月に開催する「大学・短期大学評価セミナー」、7月開催の「評価員セミナー」、9月開催の「自己評価担当者説明会」などにおいて説明を行っている。

評価機構は、高等教育政策の中で示されている方向性及び法令改正等の内容をはじめ、受審校の関係者や評価活動に携わった評価員、そのほかの

関係者の意見などを踏まえて、評価システム改善検討委員会、評価員養成検討委員会、判定委員会などにおいて、評価の方法や評価基準などの見直しを行い、より適切な評価システムを構築できるように不断の努力を重ねていることを最後に付加えたい。

　末筆ながら、早田幸政先生には評価機構の意見申立て審査会、評価システム改善検討委員会などの委員として長年ご尽力いただいていることに対し重ねて感謝したい。

参考文献
1.「大学機関別認証評価　実施大綱」(令和2年4月1日施行)
2.「大学機関別認証評価　評価基準」(令和2年4月1日施行)
3.「令和4年度　大学機関別認証評価　受審のてびき」(令和3年8月)
4.「令和3年度　大学機関別認証評価　評価のてびき」(令和3年6月)
　※以上の文献はすべて公益財団法人日本高等教育評価機構で発行されたものである。

第Ⅳ部

特別寄稿

ⅩⅢ　早田幸政教授の退職に寄せて

植野 妙実子
Ueno Tamiko

　早田幸政先生、この度は、中央大学理工学部の教授職をつつがなく終えられることとなり、心よりお慶び申し上げます。

　早田幸政先生との最初の出会いは、先生が中央大学大学院の公法学専攻（憲法学：清水睦教授）の門をたたいたときに遡ります。当時私は、博士課程に在籍していたのですが、早田幸政先生に対する印象は静かでさわやか、話しぶりは常に落ち着いていらっしゃいました。非常にそのお人柄に率直さ、素直さが感じられました。

　また早田幸政先生は、日頃から、読書と絵画鑑賞を行う程度で、それ以外に特段の趣味はない、と謙遜されていました。とはいえ、18 世紀後半から 19 世紀にかけての新古典主義、写実主義の絵画がお好きなようで、アングル、コロー、クールベ、ターナーといった画家の名前をあげていたのを今でも覚えています。早田幸政先生は、院生時代から院卒後のしばらくの間、ご自身の研究テーマに、フランス革命期の教育権論やオルレアン王政期の公教育法制、の研究を熱心にされていました。歴史がお好きだとお見受けしました。もしかすると、その時期の絵画への関心が相乗効果となって、そうした課題を探求していたのかもしれません。付言すれば、日本の絵画についても、同様の傾向をもつ画家の絵がお好きだとのことでした。

　早田幸政先生の思い出が、強烈に残ったことがあります。それは清水睦先生が、別の門下生のために仕事口（地方自治総合研究所の研究員の職）をお世話された時、あろうことか、当該門下生が断ったのでした。清水睦先生は戸田修三学長先生から来た仕事口であり、断られると困る、と相当困惑されていました。その時に、早田幸政先生は「それなら僕がいきましょう」と名乗り出られたのです。私は感心し、感動さえ覚えました。なかなかできることではありません。早田幸政先生の勇気、潔さをこの時知りました。清水睦先生も戸田修三先生のお顔を潰さずに「こと」を進めることができ、心底お喜びになったことと思います。

　さて、早田先生からは、以前、ご担当の「道徳教育の理論と指導法」の授業教材に、自ら創作した「読み物資料」を用いているというお話をうかがったことがあります。私は実は、そうした資料のことを全く知らなかったので、資料の幾つかを、今回、私に見せて頂くようお願いをいたしました。そこで提示されたのが、本書掲載の３点の読み物資料です。

　このうち「学級法廷」は、あまり人から好かれず孤立していた１人の生徒が、クラスの秩序を乱しているという理由で、複数の生徒から暴力を伴う制裁を受け、あげくの果てに「学級法廷」でそれまでの行状について審判を受ける、というものです。「野良猫の命」は、友人のいない孤独な少女が、いわゆる「地域猫」とのふれあいの中で、「自分」を取り戻していく過程とともに、猫との突然の別れの中で、以前の自分に逆戻りしていく心の移ろいを題材としたストーリーです。「帰郷」は、あることがきっかけで、大好きでとても尊敬していた「父」が「反社会」勢力の構成員であることが分かった時点から、友人や教師から見放されて孤立し、家庭内では父と断絶状態になった女子生徒の話しです。彼女は、中学卒業と同時に家を飛び出した後、職場で知り合った「生涯の伴侶」と結婚報告のために

帰郷し、既に亡くなっていた父の仏前に手を合せる中で、家族の強い絆の
存在に気づくといった物語です。

　これら3つの資料に共通するキーワードは、「孤立」、「孤独」、「疎外」
といったものです。但し、それが悲話に終始しているのではなく、どこか
その主たる登場人物の将来に光明が灯ることを暗示させる内容となってい
ます。私はこれらの物語に、早田幸政先生の過去のつらい経験が反映され
ているのか、それとも、読書好きの早田幸政先生による純粋な創作なのか、
真偽のほどは分かりません。しかし、小説家のような才能をお持ちなのだ
と知りました。いずれも、色彩感覚と情緒豊かな作品である、と思います。

　早田幸政先生の研究活動とその成果である研究業績について、少しコメ
ントしたいと思います。先生は、周知のように「高等教育論」、「大学評価論」
を研究フィールドとしています。したがって、「憲法学」、「公法学」を専
門とする私にとっては、先生の業績を論評する立場にあるとはいえません。

　但し、このことについて一点だけ申し上げれば、上記研究分野における
先生の業績は、系統的な論理構成を試みるという姿勢・視点で一貫してお
り、一読する限りにおいて、非常に緻密な装いとなっているようにみられ
ます。その一方で、これら研究業績は、主観的、実践的主張を極力抑え、
論旨の一貫性の追求を優先させ対象の客体化を重視していると感じられま
した。客観的に書く、論旨が一貫している、というのは研究者の論文とし
て当たり前のようにみえますが、なかなかこのように書いていくのは難し
いものです。いつも自問自答しながら、自らを点検するように考えていらっ
しゃるのだと思います。

　とりわけ、大学評価に関する一連のご高論は、大学評価が重要視され、
脚光を浴びるようになる前から取り組まれてきたことであり、先生の先見
の明を感じさせます。少子化がこのように進み、大学も淘汰される時代に

なりました。何を、大学の機関として、教育・研究の場として与えられる
のか、その実が問われています。国立大学も私立大学もこの問題に真剣に
向き合わなければならない時代となりました。この重要な問題、社会にお
ける「大学の存在意義」の問題に取り組んでこられました。

　早田幸政先生は、絵画や歴史がお好きで、人の感受性に訴える情緒あふ
れる幾つかの「読み物資料」をお書きになり、人の心に響く彩り豊かな作
品提供の重要性を認識されている一方で、説得力ある論理の追求にも優れ
ていらっしゃいます。早田幸政先生は一見静かで、おとなしい方、という
印象を受けますが、感受性豊かな小説家のような面もお持ちで、さらに、
幾多の研究論文からは精緻な一貫性もお持ちということになります。

　早田幸政先生の研究視点や研究上の特質とは一体どのようなものなの
か、そうした細かな点については、本書掲載の他の方々、入澤先生や島本
先生の諸論攷に委ねることにしたいと思います。

　ご退職後も、これまでの高等教育論、大学評価に関する理論的蓄積や実
践経験などを踏まえ、引続き、同分野で活動を続けられるとのことをうか
がっております。

　早田幸政先生のこれからのますますのご活躍を祈念して、ご退職のお祝
いのご挨拶にかえさせていただきます。

「学級法廷」 早田幸政・作

　6年2組のノリオのクラスは、6年生の他のクラスに比べ、帰宅時間が、15分〜30分遅かった。それは、毎日、授業終了時に、生徒全員でその日1日に起こった出来事の反省会をしていたからである。

　その反省会の仕組みはこうである。

　その日に起こったことのうち、クラス全員で考えなければいけないことを反省会開催時間までに、提案者の申し出を受けて二名の学級委員が1件に精選化する。その件について責任を負うべきであると考えられるクラス生徒がいればその生徒を「被告人」とする。但し、盗難・紛失事件は、議題に上げることはできない。そして、被告人の行動について、クラス全員で討議する。もちろん被告人には弁明の機会が与えられる。そしてタイミングを見計らって、学級委員がその被告人を有罪とするか無罪とするかについて、クラス全員に問うた後、多数決で以て結論が導かれる。不利な結論に至った被告人に、異議を申し立てる機会はない。クラス担任の教師は、あまり議論が長引かないよう、時間管理を厳密に行うが、議論そのものにも、また結論を出す前後においても、口をさしはさむことはしない。

　その反省会は、誰ともなく、「学級法廷」と呼ばれるようになり、他クラスの生徒の好奇の的になりつつあった。他クラスの生徒が特に関心を持ったのは、有罪とされた被告生徒に制裁が科されるのか、6年2組のクラスの生徒全員がいつでも被告になり得る可能性があるのか、それとも被告人候補メンバーは事実上の固定状態なのか、ということ、それともう一つは、参観日の日にも「学級法廷」が開かれるのか、ということであった。

　さて当のノリオのことであるが、父親が堅実な小さな会社を経営しており、家が比較的裕福であったこともあり習い事にいそしんでいたせいか、成績は上位に位置していた。しかしながら、非常に個性的な性格の持ち主で、本人の努力と周りの温かい配慮があれば将来の有望株と見られる逸材の素質を備えていたものの、そうした個性が災いして、クラス生徒の評判はあまり芳しいものではなかった。体躯が頑強でせめて喧嘩でも強ければ、そうした評判を力で跳ね返すことができたが、体格的に劣るノリオにはそうしたオーラもなく、男女を問わず、ほぼ全員が彼のことをあまり好いてはいなかった。その最大の原因は、どちらかというと陽性に属する軽いノリのタイプの性格がやや先走りすぎ、人をとかくあだ名で呼び捨てにしたり、自分のクラスの生徒のあることないことを、他クラスの生徒に軽いノリで言いふらし、結果としてクラスメートの反感を買ってしまうということにあった。

　ある日、ノリオのこうした普段の素行に懲罰を加えようとしたクラスのリーダー格

のタケシは、仲間数名と計って、放課後、校内で集団暴行を行った。その後、何事も
なかったそぶりでノリオは帰宅したが、変わった様子に気づいた祖母が訳を問いただ
した。そして、すぐに祖母は、近所に住むタケシの両親のもとに行き、厳重抗議を行っ
た。それからほどなく、タケシの母親が、ノリオの家を菓子箱持参で訪れ、祖母に詫
びを入れた。ちょうどそのころ、ノリオの両親は不在で、これら一連の事実は知らず、
祖母もこのことを、両親に伝えることはなかった。

　翌日、その現場を目撃したクラスメートがこの件で反省会を開くよう求め、それが
受け入れられた。しかし、いわゆるクラスの「嫌われ者」だったノリオを擁護する者
はいず、事実上、ノリオ本人が被告人として扱われる形で、当日の反省会は幕を閉じた。
最後に意見を求められたノリオは、「昨日、タケシのお母さんが、僕のうちに謝りにみ
えたので、僕はもう何も気にしていません」と述べた。その直後、クラスの雰囲気に
一瞬の変化が見えたことを、ノリオは見逃さなかった。

　ノリオは、反省会の結果に満足はしなかったものの、自分をぶった仲間のうちの数
人が自分に謝りに来たこともあって、特に落ち込んだりもしなかった。そして何より
もほっとしたことは、担任教師が、このことについて、一切発言をしなかったことで
ある。そして、「これで、先生が両親にこのことを告げ口することはないだろうな」と
彼なりの胸算段をした。

　こうした一件があったにもかかわらず、ノリオのその後の行状にさしたる変化は見
られなかった。ただ、ノリオは、タケシに積極的に近づくように心がけ、ほぼ毎日、
下校時には、彼らのグループと行動を共にした。

　ノリオは、その後、天性の狡猾さとある種の明るさ、そして包容力の広さが幸いし
たのか、父の会社を継承し売り上げを伸ばすとともに、業界団体のリーダとしての地
位にまで登りつめることができた。

読み物資料２（授業用教材）　「野良猫の命」　　　早田幸政・作

　今年の４月に高校３年生になったユイは、何事につけこまめに整理整頓をすること
のできない性分であった。母親からは常に「女の子なんだから、いつまでもその癖を
治すことができなかったら、将来苦労するよ」と小言を言われ、ユイはユイで「『女の
子だから』って何よ！」と反駁するのが常であった。しかし、そのことを除けば、彼
女にさしたる問題はなく、学校の成績、生活態度は、他の同級生よりはるかに秀でて
いた。

　しかし、そうした優等生のユイには、ある奇妙な癖があった。

　それは、月に何度か、自宅マンションの近くの公園に行き、「ハトにエサをやらない
でください」という注意書きのある看板の近くのベンチに独りぼっちで座って、家か
ら持参したグリンピースやピーナツを地面にまき、鳩へのエサやりを行うという行為
を繰り返していたことであった。エサやりをしているユイの目はうつろで、心なしか
涙を浮かべているようにも見えた。

　ユイが、この地に越してきたのは、小学校５年の夏であった。父親がいわゆる転勤
族であったこともあって、学校を何度も引っ越してきたユイは、それまでは友達付き
合いが苦手で、心を許し合える友達などできるわけもなかった。

　当然、この地にあっても、そうした状況がしばらく続いていた。

　ある日、ユイが住んでいたマンションの植え込みのそばで日向ぼっこをしていた白
い毛の野良猫を見つけ、その頭やのどを愛撫しながら、ユイはその日の学校の出来事
を野良猫に語りかけた。最初は警戒するそぶりを見せていた野良猫も、次第にユイの
愛撫に身を任せていった。シロと名付けた野良猫は、いつしかユイのかけがえのない
友となり最大の話し相手となっていた。

　そして意外なことに、このことが思わぬ事態を引き起こした。ユイだけではなく、
近所に住む子どもたちもが、「シロ、シロ」と言ってこの穏やかな表情の野良猫をかわ
いがるようになったのである。そうした子どもたちの中には、ユイの同級生も少なか
らず含まれており、結局「シロ」が縁で、ユイは学校内に多くの友人をもつことがで
きた。もはや、ユイは「寂しい孤独な少女」ではなくなっていたのである。

　そうした平穏な日々が半年近く続いたある日のことである。シロの姿を見かけなく
なったことを心配して、自宅マンションの近くでシロを探していたユイに向かって、
同マンションの管理人が「あの野良猫なら、一週間前に『拾得物』として警察に届け
たよ」と話しかけてきた。

　自宅に戻ったユイは、母親にその言葉の真偽を訪ねると、母親は「あなた何を言っ

ているの。あの野良猫なら、管理人さんが電話して保健所に引き取られたわよ。子ども たちが、エサをやって迷惑しているという苦情が、このマンション居住者から寄せ られて、それで管理人さんがあの野良猫を引き渡したのよ。あなたも、ほかの子らと 一緒になってエサやりをしてたんでしょう」と言われた。

　母親のその言葉を聞いて、ユイの胸は張り裂けそうになった。ユイは「私がそれま でなじめなかった学校生活にとけこむきっかけを作ってくれたのは、シロだったのに。 シロがいたから私は多くの友人を持つことができたのに。シロは私にとって、かけが えのない大恩人だったのよ。それとも、シロは私と友達になったばかりに、早く命を 落としてしまうことになったの？もしかして、悪いのは私だったの？」と、心の中で 何度も自問自答した。

　あの時から、すでに６年以上の月日が流れた。時がたつにつれ、あの時の心の傷は、 次第に和らいでいった。事実、ユイは、他の同級生と比べて、犬や猫にことさら関心 があったわけでもなく、これらをペットとして飼い可愛がりたいと思うこともなくなっ た。彼女の最大の関心事は、今の成績を維持し、第一志望の有名大学に現役合格する ことであった。

　ただ、そのユイが、中学２年になったあたりから、特異な行動をし始めるようになっ たのである。それが最初に記した公園での鳩へのエサやりである。

　今のユイにとって、マンションの管理人にシロのことで騙されたこと、自分のせい でシロが命を失ったこと、は遠い記憶のかなたに霧散したに等しかった。しかし、あ の時の経験がユイにとって大きな心の傷になっていたのかもしれない。そしてその心 の傷が、社会の不条理に対するレジスタンスとして、「掟破りの鳩へのエサやり」とい う行動につながっていたのかもしれない。しかし、そのことにユイは未だ気づいては いなかった。

読み物資料３（授業用教材）　「帰郷」　　　　早田幸政・作

　家族の夕食の準備をしていたミヤコは、故郷に住む母から１本の電話を受け取った。母は早口で、「今朝、お父ちゃんが急に亡くなったんよ。不摂生な生活をしていたもんね。６０歳で逝ったんやけど、お父ちゃんの業界ではこれが平均寿命なんやて。明日がお通夜、明後日がお葬式、と言っても、どなたも参加しない寂しいものになるかもしれんけどね。もしよかったら、戻ってきて。」と言ってそそくさと電話を切った。

　元々ミヤコは、世間で言う「お父さんっ子」で、不在がちの父の吉次が家にいる間は、片時もそばを離れないくらい父のことが好きで好きで仕方がなかった。その理由は、ミヤコにとって、吉次は自分を守ってくれる英雄戦士のような存在だったことにある。クラスメートの男子生徒にからかわれているミヤコを見た吉次は、彼ら生徒を雷の落ちるような大きなだみ声で叱責したし、父親参観の折に、落ち着きのないミヤコを注意した担任教師を、その場で罵倒したりもした。クリスマスプレゼントを買ってもらうために父とともに訪れたディズニー・ショップにお目当てのグッズが店頭に並んでいず、取り寄せに１週間かかると伝えた店員を大声で怒鳴って、倉庫からそのグッズを持って来させた吉次の態度に胸がすく思いもした。

　ミヤコは、いつも自分の味方をしてくれる頼もしい父のことについて、ある日母に、「お父ちゃん、どんな仕事をしているの」と尋ねたことがあった。その時母はミヤコに対し、「お父ちゃんね。夜になっていっぱいの人がお酒を飲んだりしている盛り場で、お店を１軒１軒見回り、体を張って、お店がうまく商売できるよう、パトロールしてるんよ。パトロール代は、会社に支払われるから、お父ちゃん、毎月そこからお給料もらっとるんよ。言うてみたら、お父ちゃんの仕事は『町の保安官』やな。」と説明した。そして、壁に飾っている吉次の写真を示して「あれはなあ、神戸の震災の時に、会社の人と一緒に炊き出しをしていたお父ちゃんの姿や。お父ちゃん、ボランティアもやってたんやで」といった。ミヤコは、その説明を聞いて、父の吉次がいつも『頼もしいふるまい』をし自分に優しい態度で接していることについて合点がいき、以前にも増して父のことを誇りに思うようになった。

　しかし、ミヤコのそうした気持ちに、転機が訪れる時が来た。

　小学校５年の夏、母がミヤコにいつになく疲れた様子で、「お父ちゃん、いつもぶらぶらしてお金をウチに入れてくれんけんね。お母ちゃん、昼のパートのほかに、夜も働きよるんよ。夜の仕事はきついわ。ミヤコの食事もロクに用意出来んで堪忍な」と言った。ミヤコは、「ええんよ気にせんといて。お父ちゃん、ボランティアみたいな安い給料の仕事ばっかりで大変や思うてたけど、お母ちゃんも一緒なんやね。」と言ってこれに応じた。

　そうした会話が交わされた数日後、友人の女子生徒と下校中、前からきたクラスの男子生徒から、「お前の母ちゃん、風俗で働いているんやて？」と大声で叫んだ後に、一斉に走り去った。一緒にいた女子生徒は、「単なる悪口の嫌がらせや。気にせんどき。」と慰めてくれた。しかしミヤコは、本

当は父の吉次が、仕事をせずにいて、そのしわ寄せで母が大変な苦労をしているのではないか、という疑念が脳裏をかすめた。その時以来、ミヤコが父と言葉を交わす機会が、めっきり少なくなった。

　それから数年たった中学2年の春さき、ミヤコに思いもかけない事態が降りかかった。その夏、地元に勢力を張る暴力団「誠竜会」を地元警察が「ガサ入れ」をしたというニュースが報じられたのだ。翌日、そうした報道を知らずに登校したミヤコに対して、親友の一人である女子生徒がミヤコに対して「組事務所の捜索のテレビニュースに、ミヤコのお父ちゃん映っとたで。」と小声でささやいた。これに対して、ミヤコは、「お父ちゃんとたぶん違うわ。お父ちゃんね、ずっと前の神戸の震災の時、一生懸命ボランティアやっとったんよ」とふりしぼるような声でつぶやいた。しかし、その友人はすかさず、「うちのパパは、『極道者は、ええことなんかでけせん。』と言ってたで。」と応じた。その時、クラス全員の視線が、自分に集中しているように感じた。そして、その時を境に、数少ない友人皆がミヤコの許から離れていった。心なしか、担任教師までもが、意図的に自分を避けているように見えた。

　あの時以来、中学校卒業まで、ミヤコは、父の吉次と一切口を利くことはなかった。最初のうち、吉次は「ミヤコ、お前、お母ちゃん似のベッピンさんになったな。ツンツンしているところがまたええなあ。『女っぷり』に一層磨きがかかってきとるで。」と軽口をたたいてミヤコの機嫌をとるそぶりを見せた。しかし、ミヤコがそれに全く取り合わなかったので、吉次も次第に口数が減るとともに、家に戻る日が目立って少なくなった。

　ミヤコは、生まれ育った故郷と決別することで新たな人生を歩むことに一縷の望みをつないで、中学卒業後すぐに上京した。そして、東京近郊の中規模都市の郊外にある段ボール製造工場に就職した。その工場は、決して給料は多くないものの、入社を条件に夜間高校に通うための便宜を図ってもらえることとなっていた。

　それから5年後、職場の同僚で、ミヤコと似た境遇の10歳ばかり年上の貞平という名の男性と結ばれた。貞平は、無骨・粗野で無教養、しかしどこか愛嬌のある男性であった。貞平は「俺、小さい時に両親と別れたせいか、どんな人でもいいから『親』と名の付く人と暮らしたいな。いつか、ミヤコのご両親と一緒に住んでもいいな」といつも口癖のように言っていた。

　そうした夫と2人の間に生まれた長女と数年間暮らしを共にしているうちに、なぜか、ふっと望郷の念が生まれそれが次第に強く感じられるようになっていた。父の訃報は、そうした気持ちの変化に拍車をかけるに十分なものであった。ミヤコは心の中でそっと「故郷を捨て両親との交流を絶ったことに悔いはない。ウチは今、夫との暮らしの中で小さな幸せをつかんどる。結婚したことも知らないお母ちゃんには、これを機に実家に帰って結婚報告をしないとね。どこかお父ちゃんの面影を宿している夫の貞平さんが、その遺影に線香1本でも手向ければ、きっとお父ちゃんも喜んでくれるわ。」とつぶやいた。

　そう思ったミヤコは、夜勤で遅くなる貞平の帰りを待ってそのことを伝え、吉次のお通夜に間に合うよう帰郷の準備を始めることを決意した。

XIV　早田幸政「高等教育論」の特質
「大学評価論」からの考察

入澤 充

Irisawa Mitsuru

1　大学評価論検討の嚆矢

　早田幸政氏（以下、早田氏）と私の出会いとその後の交友は、私が季刊教育法の編集者として当時、四谷本塩町にあった大学基準協会を訪れたときから始まる。階段を上がりドアを開けると資料に埋もれていた早田氏を見つけ、来訪の意図を述べた後、会議室に移動して臨時教育審議会第二次答申によって設置された大学審議会の動向や、同審議会の議論を受けて大学基準協会が果たすべき役割など早田氏の見解をうかがった[1]。

　学術雑誌編集者の本望は執筆依頼した人が次々と論文を書き、学界、社会のインフルエンサーとして活躍していくことでもあるが、早田氏は編集者として出会った中で最も「高等教育」の本質を突く研究者の一人である。

　本稿は、早田氏がこのたび「古稀」を迎えたメモリアルとして刊行する本書の一部として表題のテーマを指定されたので、私が編集者時代に携わった早田氏の「高等教育論」、特に季刊教育法に執筆[2]した「大学評価論」を基にその特質を詳解してみたい。

　早田氏の研究スタイルは、学術論文の王道ともいえるスタイル「歴史・現状・課題」から精緻な検討を行い、先行研究はもとより現時点での研究動向を極めて丁寧に分析していたというのが最初に原稿をいただいたときの印象である。単行本の単著ではなく定期発行の学術誌は執筆枚数が限ら

れており、その中で自説を展開しなくてはならない。その自説も読者を説得、納得させる、また読者の思考を拡散させていくものが良質な論文といえる。

　早田氏の各論考はまさにこのことが当てはまるものとなっている。

2　早田氏の「教育理念」と「大学評価論」

　早田氏の「大学評価」論を述べる前提として、早田氏の教育理念（哲学）について触れておきたい。早田氏は、季刊教育法111号「大学評価システム形成の軌跡」（1997年7月）の論考で、教育法学から大学評価を論じるとき、前提として高等教育に関わる法は「「学問の自由」を基礎に、「教員」と「学生」との間の主体的な教育研究指導あるいは学習活動を通じて学術文化の発展に貢献し、<u>有為な人材</u>育成に寄与」（104頁、下線部筆者注、以下同じ）しなければならないと主張する。さらに季刊教育法122号「大学審議会答申に見る「教育の評価」」論文でも「教育という営為は、初・中等教育のみならず高等教育においても、<u>教師と学生・生徒との知的・精神的なふれ合いを通し、相互の資質・能力を高めていくことを内容</u>とする、極めて、文化的、精神的営みとして捉えるべきものである」（1999年12月、39頁以下）と喝破している。

　上記下線部からは、高等教育機関が公の存在として社会的責務を果たすためには、教育に携わる者自身がその役割を常に問い続け、学術研究を怠ることなく、さらには学習者との良質な関係性を築き、人材育成に寄与するという矜恃が必要だということを読み取ることができる。早田氏の各論考には高等教育機関の社会的責務のあり方が鮮明に表されている[2]。早田氏はこの教育哲学があるからこそ、現在の中央大学で教職関係科目を積極的に引き受け教職を目指す学生が理解しやすいように著書[3]を作成し、ご自身の教育者としての矜恃を語り続けているのだと思う。

　上記のような教育理念を基盤にして早田氏が大学評価問題に鋭く切り込

むのは、先にも触れたように大学関係者自らが内在的責務を果たさなければ、社会の負託に応えることができないという早田氏自身の研究者としての良心が基となっているからだといえる。この背景には大学基準協会で高等教育機関のあり方等の研究を重ねている中で、1990 年代当時の日本の大学運営・教育のあり方、学生の学びの姿勢等々を見て、大学が内在的責務を果たしているのだろうかという疑問があったのだろうとも推測できる[4]。

　このような日本の高等教育機関の現実を直視し[5]、日本の高等教育機関が持続可能な組織として存続すること、さらには社会的責務を果たす方策として、時代の変化に適切に対応するために高等教育の「質」を自らの手で点検・評価をすることが重要であると早田氏は初期の段階から強調をしていた[6]。1990 年代の大学に対して、早田氏の各論考は各高等教育機関に自己点検・評価を迫ることになったともいえるのである。

　そして現代において、各高等教育機関は自己点検・評価を定期的に行い、それを基に認証評価機関が適合・不適合の評価をする仕組みが構築されてきた。第三者による評価は、受審大学の「内容」、「質」証明の役割を果たすことになる。つまり、各大学が社会的に認証されなければ公の存在としての証明にはならない仕組みができたのである。

　早田氏は、その後の著書[7]で、自己点検・評価、内部質保証の枠組みを設け検証し合う、さらに定期的に認証評価機関の受審、及び学外有識者による「外部評価」を受けることで大学自身が絶えず「質の保証」を確認し、改善・改革につなげることが重要だと指摘する。つまり一連の「評価」の循環によって高等教育の社会的責務が果たせるのだという早田氏の「大学評価論」は、大学人として何度も読み返さなければならないものだろう。

3　高等教育機関のあるべき姿を模索

　早田氏のもう一つのインフルエンサーぶりは「公の存在としての大学の将来」を常に考えていた企画力である。臨教審後の大学審議会での議論を

受けて、その後の日本の高等教育はどうあるべきか、また個々の大学はどのように体質を改善していかなくてはならないか、つまり大学が社会的責務果たすために何をすべきかを常に追究していくのが早田氏の姿勢であった。そのような中で早田氏と私は季刊教育法89号「大学短大の新設置基準の大綱化と自己点検・評価のあり方」（1992年8月）を企画した。大学設置基準が改正され、いよいよ大学・短大が自力で改善改革をして社会的な信用を積み重ねていかなくてはならないというスタート時点での本書の企画であった。全体構成、執筆者選びは2人で行い、季刊雑誌の臨時増刊号で出版することとなった。定期発行扱いでの企画でなくて良かったことを今でも鮮明に思い出すことができる[8]。

その後の雑誌企画は、季刊教育111号「大学の使命－改革・評価の理念－」（1997年7月）で、これも臨時増刊号として発行した。さらにJUAA選書の企画・発行も早田氏との共同作業であった[9]。高等教育界の問題点、課題を次々に提示し、図書にまとめていく企画力はまさに卓越したものであったと感じている。

編集者から大学教員に転じた私が勤務校で自己点検・評価委員や内部質保証委員として仕事ができたのも早田氏との交友があったからこそだと思っている。早田氏が大学基準協会時代から今日まで高等教育論研究の第一人者として活躍されていること、その早田氏との交誼ができたこと、さらにメモリアル図書の執筆者の一員に名を連ねることができたことを深く感謝したい。

---

(1) 1984年に設置された臨時教育審議会第4部会では高等教育に関する議論が行われた。第二次答申(1986年4月)でユニバーシティ・カウンシル（大学審議会）を創設することが示された中で、当時法政大学総長で大学基準協会の常務理事であった青木宗也先生から早田氏を訪ねて企画を練ってくるようにアドバイスを受けた。この大学審議会の議論が契機となって現在の高等教育のあり方につながってきている。早田氏と私の出会いは、高等教育改革議論のスタート時から始まり、現在肝胆相照らす仲となった。

(2) 筆者が季刊教育法編集部時代に早田氏に原稿執筆を依頼したのは以下の各論考である。「アメリカ大学日本校の現状とその質的管理」（季刊教育法 90 号、1992 年 9 月）。「わが国の大学評価の理論の一般的考察－1975 年以降、新大学設置基準公布に至るまで－」（同上 99 号、1994 年 9 月）。「第三者による大学評価に関する理論」（同上 102 号、1995 年 6 月）。「日本の大学評価の現状とそのあり方」（同上 104 号、1995 年 12 月）。「青木宗也「大学論」の特質」（同上 106 号、1996 年 6 月）。「大学評価システム形成の軌跡」（同上 111 号、1997 年 7 月）。「わが国大学等の量的整備構想と「臨時的定員」問題」（同上 114 号、1998 年 3 月）。「大学審議会答申にみる「教育の評価」」（同上 112 号、1999 年 12 月）。

(3) それを裏付ける早田氏の著書として『体系・道徳教育の理論と指導法』2015 年、『新訂版体系・道徳教育の理論と指導法』2019 年、いずれもエイデル研究所、『教育制度論 教育行政・教育改革の動向をつかむ』ミネルヴァ書房、2016 年がある）。

(4) 早田氏は、大学は「学術の中心機関であるともに「高度の高等教育機関」であるのだから「教育上の到達目標の実現に向けて、学生に対し適切なレベル・内容の教育を施す責務を担っている」と季刊教育法 104 号（1995 年 12 月、56 頁）で述べている。この背景は、現在の大学が学生の「学ぶ力」に適切に対応していない、できていないという現実を見極めていたからであろう。

(5) 独立行政法人大学改革支援・学位授与機構「日本の高等教育政策小史大学教育の質保証の視点から」平成 26 年 11 月 26 日開催シンポジウム・セミナー資料参照。資料によれば、日本の大学は、エリート養成からマスプロ化、ユニバーサル化、グローバル化と進んできたことを示している。この大学の変容が時代に適合した社会的責任を果たしてきていたかという疑問は筆者自身も払拭し切れていない。

(6) 前掲（2）各論考参照。

(7) 早田氏は、自らの編著『大学の質保証とは何か』（エイデル研究所、2015 年）の中で「大学の質保証とは何か」という論考をしたためている。質の保証について「大学の質と「大学評価」は、厳密には異なる概念ですが、近年、同義のものとして用いられています」と述べている（9 頁）。

(8) 定期雑誌は発行日が決まっており、この日に合わせて企画編集、校正、印刷をしなければならなく 1 人でも原稿提出が遅れると大変な損失になる。89 号は、締め切り日を過ぎても数人から原稿が届かずそのために当初予定していた発行日をずらしながら、原稿督促の電話、職場までの訪問を何度も行いやっと受け取り発行にこぎ着けた。今でもヒヤヒヤしたことは忘れることができない。

(9) JUAA 選書は、1995 年に青木宗也編著『大学改革と大学評価』（エイデル研究所）を第 1 冊目として発行開始した。この選書の一連の企画、執筆者選びも早田氏と私の共同作業であった。また単行本として青木宗也編『大学・短大の自己点検・自己評価』（エイデル研究所、1992 年）も早田氏の企画であった。本書は、各大学・短大が自己点検・評価方法を模索している中で出版され、その後の各大学等の自己点検・評価の手引き書となり大変に好評を博した。

XV　高等教育研究者・早田幸政先生の足跡

島本 英樹
Shimamoto Hideki

　早田先生の最初の印象は今でも忘れもしない。一心不乱に原稿を書く人のキーボードの「音」であった。

　2008 年 4 月の初旬である。大阪大学の共通教育のビルディング（正式には現大阪大学全学教育推進機構総合棟Ⅱ）の 5 階の研究室から廊下に漏れる「カタッカタッカタッ」と高く響く音が、忘れもしない早田先生の初期の印象である。今となっては珍しいクラシカルなキーボードの音が、平日の日中だけでなく、平日の夜や土曜日にも、シーンとした研究室から絶え間なく廊下に漏れて響いていた。

　「すごい集中力だなあ。」

　本物の学者が同じ職場にやってきたと感じた瞬間だった。同じことを多くの同僚も感じてたようで、「音」が話題となったことも最近のことのように思い出される。

　早田先生は 2008 年 4 月から大阪大学・大学教育実践センターに教授として、金沢大学・大学教育開発・支援センターより迎えられた。その後、大阪大学では、学内の改組により 2012 年 4 月に評価・情報分析室に移られたが、2014 年 3 月末までの計 6 年間在籍された。その間、教育活動・研究活動に邁進なされ、数多くの書物を著された。高等教育研究者として、先生は大阪大学にはエース的なお立場で招かれたものと理解している。先生ご自身は否定されると思うが、そのことは、学外の数名の方より「早

田先生はセンター長じゃないの？」というような発言を耳にすることあっ
たことでも裏付けられる。後年になって母校中央大学に戻られたのは、
決して過剰な表現ではなく、大阪大学にとって大きな損失であったと思
う。

　早田先生の研究者としての能力や仕事ぶりは、多くの人に支持されて
いるのが、ここで書かずとも既に周知のことである。大学基準協会や金
沢大学の先生方とお仕事でご一緒させていただくことがあるが、いずれ
も早田先生には一目置かれていることがよく分かる。冗談を言われ、時
事問題や世間話を語られるなかでも、早田先生の真面目なお話が始まる
と皆さんがしゃんと聞き耳を立てられる。アルコールの入った食事の際
でも同様である。知識も豊富で常に役に立つアップデートされた情報を
たくさん持たれており、聞き手側も「勉強になる」言葉を聞き逃すまいと、
対応が引き締まるのが分かる。いつもの飲み会の光景である。

　早田先生の詳しい研究業績一覧は、本書200頁〜210頁で紹介されて
いるので、ここでは大学基準協会退職後の、金沢大学、大阪大学、中央
大学の各大学に所属された時期の業績について、私が先生から感じたこ
と・学んだことを踏まえ、僭越ながら述べさせていただく。私自身、大
阪大学で自分の専門領域以外の研究者との交流を通して、自分の見識を
高め、それを自分の研究活動に活かすことを大学教員として生きる意義
の１つとしている。私の方が少し先に大阪大学で仕事を始めていたが、
本物の研究者である早田先生から多くを学ぼうと、普段から高等教育に
関するあらゆることに関して多岐にわたり質問した。テクニカルターム
が分からない私の稚拙な質問を、嫌な顔を一切見せずに本当に親切に対
応して下さった。

　幸運にも、大阪大学での早田先生との出会いから、これまで多くの書
物（書籍、論文の別刷、報告書など）を提供いただいた。その中でも、
私にとってインパクトのあった２つの書物を紹介する。この原稿を書く
にあたり、早田先生の多くの過去の業績を読み返したが、やはりその２

つが印象的で、たくさんの付箋と書き込みとともに私のバイブル的存在
となっている。

　1つ目は大学評価学会年報『「認証評価」と大学評価の多様性』（晃洋
書房，2008）に掲載された早田先生の講演記録「昨今の高等教育改革の
動向と認証評価の行方」である。提供いただいた日時を詳細には思い出
せないが、大阪大学に移られた、割と早い時期にいただいだものである。
2008年の発行で、早田先生の所属は金沢大学となっている。講演記録で
あることもあって文体（口調）は柔らかいが、書かれていることは早田
先生のお考えの本質であり、核心部分であると思われる。公教育機関と
して大学はどうあるべきか、大学は社会に対してどのような責任がある
のか、そのために認証評価はどのような意義があるかについて、コンパ
クトに、そしてインパクトのある表現でまとめられている。早田先生の
お考えの根底となる、高等教育の質と質保証に関する次のような文章が
登場する。

「・・・・・「大学の質保証を必要とする背景」についてでございます。ここで特に私
が強調したいのでは、大学は、多かれ少なかれ公的資金の裏付けを伴う存在で、「学校
教育法」の学校体系の下で公教育機関としての役割を果たしているという意味におい
て、社会への説明責任の履行のための手段として、大学の質を保証しその結果を社会
に公表することが重要なのではないか、ということなのです。」（2頁）
「・・・・・高等教育に対するニーズの多様化というものへの留意も必要です。いま学
生たちは、いわゆる実学を高等教育に対して求めております。それが、必ずしも良い
こととは思っていないのですけれども、社会に出てすぐ役立つ、あるいは資格に直結
する、そういうスキルや技術、知識を大学で学びたい、そうした学生が爆発的に増え
ています。そうなると、それが果たして大学としてふさわしいものかどうかというこ
とについて、疑惑の念を抱かざるを得ない、そういう状況が目に見えて増してきてお
ります。そういう意味において、いま、大学とは何かという観点から、その質保証を
行うことは、非常に意味があることだろうと思っています。」（2頁）

　これらの文章の主旨は普段から私によく話されていた内容と全くブレ
がない。日頃より、早田先生は公教育機関としての大学の在り方を常に

考えておられた。我が国の大学教育はどうあるべきか、大学は社会のニーズにどう対応し、変化していかないといけないかなど、いつも憂慮されていた。先生は、2003年11月に大学基準協会より金沢大学大学教育開発・支援センターに教授として異動された。既に2008年3月までにも、いくつかの大学の非常勤講師や客員研究員として、大学教育の現場でも仕事をされているが、この講演記録を読む限り、最初の専任教員としての金沢大学で、高等教育の実際とその問題点を現職大学教授として強く感じられ、教育機関としての大学の役割とその未来を強く案じられたのではないかと感じる。同時に、公教育機関として認証評価結果を公表し、社会への責任を果たす重要性をさらに強く感じられることになったとお見受けする。大学は国公立私立の別なく、公的資金が投入されており、法律（学校教育法や財務関係法規など）のもとに、社会への説明責任を負うべきであり、そのために質保証が必要であるというお考えが、法学をバックグラウンドにされる研究者としての考えの根底にある。その考えの緒には、教育者としての「問い」もあったのではないかと思う。早田先生は常日頃、過剰な研究業績至上主義を憂慮され、とくに授業をしない教員ポストが増えていることを心配されていた。教育機関としての大学の教員であるからには、授業は必ず担当すべきであることを再三発言されていた。これらの一連の言葉は、教育者としての早田先生の信念、実直さ、誠実さを表しているものである。

　2つ目は早田幸政編著『大学の質保証とは何か』（エイデル研究所，2015）である。この書籍の刊行時、もうすでに大阪大学から中央大学に異動されていたが、早田先生のご厚意で発刊後すぐに手に取ることが出来た。現在、大学で行われている教育の質保証について、その対象、方法、課題などについて網羅的にまとめられている。早田先生の分担執筆箇所を読むだけでも、先生の過去の一連の記述と比較し、さら多くの研究実績が積み重ねらたことがよく分かる。その論旨が洗練されつつ、さらに拡充し、整理されていかれたことが窺い知れる。高等教育の質保証のた

めに、何をどう整備し、実施していくべきかがより具体的に記述されている。年齢を重ねられても、さらに新しく深く課題を追求する姿勢には本当に頭が下がる思いである。とても古稀を迎えられる人のバイタリティとは思えない。

『・・・・・教育研究については、その質について、大学の自立的責任に委ねられる比重が格段に大きいことは言うまでもありません。とりわけ今日、我が国の大学に対しては、卒業時に「何を収得し得たか、何ができるようになったか」が可視化できる教育、すなわち学習成果重視の教育への転換が叫ばれる中、各大学は、自ら掲げる教育目標に則した実際の教育の質について責任を持つことが求められています。』（13―14頁）

『・・・・・大学は今後、入学から卒業までの学習成果の測定・評価を行う際の「測定・評価の起点」を入学者の高等学校卒業時の学習仕上がり度に求めることになるかもしれません。そうした意味において、大学の「学び」の質は、高等教育という完結した教育体制の中だけではなく普通教育との接続関係の中でその保証が求められることになると考えるべきでしょう。このことは、同時に、入学者選抜の在り方やそれと密接に関連する入学者受入れ方針との関わり合いの中で、それぞれの大学毎に教育の新たな「質」の探求が開始される必要があることを予兆しているのかもしれません。

最後に、今日、社会経済的な活力の低下に対する国民各層の危惧や不安がぬぐえず、その国際的競争力にも陰りが見える中、「知」の拠点である我が国の大学に対し期待が高まる一方で、様々な角度から、大学の在り方について厳しい要望も提起されていります。

こうした背景の中、どの大学で学べば納得のいく成果が得られるのか、そして「この大学をより良くしていく」ためにはどうすればよいのか、といった大学を取り巻く関係者の疑問は、「大学の質とは何か」、「大学の質はどこでどのように評価されているのか」、「質の良し悪しを知るにはどうすればよいのか」という論点に収斂されていくようにも見えます。』（17頁）

　ここでは、普通教育での延長線上での高・大接続の重要性が強調されている。これに関連して、早田先生の書籍には、主に小・中・高の教育行政を扱った『教育制度論―教育行政・教育政策の動向をつかむ―』（ミネルヴァ書房、2016）があることも紹介しておきたい。同書は、学校での「学びの主体」である児童・生徒の「発達可能性」を開花させ、さら

に充実させるのに不可欠な教育法制とそれを掌る教育行政のあるべき姿を鮮明に写し出そうとしている。初・中等教育の理想像をバックグラウンドにして、大学教育においても、学習者の立場に立った質保証のあり方を見定めようとする早田先生の研究上の視点が見て取れる。

　大学に所属された以降、「学習成果（learning outcome）」に注視された業績が多くなる。「令和2年度 大学基準協会大学評価研究所大会」（2021年3月2日）において「学習成果を巡る今とこれから―達成度評価のあり方を問う―」（https://www.juaa.or.jp/report/detail_735.html（2022.6.12閲覧）参照）というテーマでの発表を、早田先生の主導のもとで、ご一緒にさせていただく機会に恵まれたが、その予習の段階で、中央教育審議会が取りまとめた「グランドデザイン答申」（2018年11月）、「教学マネジメント指針」（2020年1月）は、早田先生の研究成果に強く影響を受けたことを知った。アメリカをはじめ諸外国の調査をもとに、先駆的に発信された早田先生の研究成果に文科省も影響を受けたことは注目に値する。ここでも先生の先見性と、研究成果をどう実社会にフィードバックする重要性をいつも重んじていた成果の表れであると感じる。「学習成果」の問題を扱った書物として、早田幸政著「ASEANにおけるラーニング・アウトカムの測定・評価を軸とする高等教育質保証体制構築に向けたチャレンジに関する研究」（中央大学教育学研究会『教育学論集』第59号、2017）、早田幸政・工藤潤編著『内部質保証システムと認証評価の新段階―大学基準協会『内部質保証ハンドブック』を読み解く―』（エイデル研究所、2017）、早田幸政著「『学習成果の測定・評価』と内部質保証―第2期認証評価を担うJUAAの仮題と期待―」（大学基準協会『大学評価研究』第12号所収、2013）早田幸政著「米国における公共政策大学院の質保証―"Pre-2009 NASPAA Standards"の検討を軸に―」（中央大学法学会『法学新報』第119巻第11・12号、2013）なども挙げられる。なお、上記「令和2年度 大学基準協会大学評価研究所大会」は、同協会の「達成度評価のあり方に関する調査研究」プロジェクトの中間報告会

を兼ねたもので、その成果報告書（同報告書の全文は、https://juaa.
or.jp/common/docs/research/lab_achieve_report_01.pdf（2022,6.16"
（2022,6.16 閲覧））に公開されている。この報告書をもとに、大学基準協
会 [JUAA 選書 17]『「学習成果」可視化と達成度評価の現状・課題・展望』
（課題）が刊行（2023 年 2 月予定）の運びとなっている。

　早田先生の論述は、広い見識をもとに、対象とする研究テーマの過去
から現在にわたる問題点を徹底的に調べ、その課題を熟知し、今後の提
言課題の内容が豊富なことであると私は認識している。目にする論攷の
多くが、考察を述べた後の、研究課題の今後・未来についての記述が詳
しい。専門領域の違いもあるが、我々の領域では、対象とした研究テー
マの今後については、それほど多くの文字数を割かないのが通常となっ
ている。先生の論述は 1 つ 1 つ論拠となるものを、丁寧に狂いのないお
城の石垣のように積み上げられていく、そんな印象であり、そして、簡
単な結果の記述で終わるのではなく、幅広いバックグラウンドの中から
生まれた深い考察があり、必ず今後の課題あるいは今後の研究に期待さ
れるものについて詳細な記述をされている。この箇所はとても丁寧であ
り、読み手にとって、とても親切な記述でもある。すぐにフィードバッ
クしやすいことが念頭にあるのであろう。

　研究フィールドとして、国内だけでなく、諸外国の動向も丁寧に広く
調査されている。我が国の大学のなりたちを考えると欧米の大学質保証
の動向は無視できないと感じられている。それらの例として、早田幸政「大
学教育のグローバリゼーションと教育質保証の国際的通用性」、植野妙実
子編著『[日本比較法研究所研究叢書 87] 法・制度・権利の今日的変容』（中
央大学出版部、2013）などがある。諸外国をフィールドとした題材には、
まず、アメリカの大学機関別（大学全体）及び教育プログラム別アクレディ
テーションついての文献が散見できる（早田幸政『アメリカ公共政策大
学院の認証評価システムと評価基準 – NASPAA のアクレディテーショ
ンの検証を通して–』公人の友社、2008）、早田幸政「認証評価制度のイ

ンパクト—アメリカの『教育長官認証』の紹介を兼ねて—」（日本高等教育学会『高等教育研究』第6集、2003）が挙げられる。またASEANなどアジアの動向にも注視されている。ASEANは欧米の影響を強く受けていること、また飛躍的に伸びている経済状況が伸びている国家が多く、それらの国では同時に高等教育に関する関心が高まっている。我が国の今後の高等教育を考えると、それらの動向は看過できないとのお考えであろう。

　大阪大学に来られて以降、韓国、中国、タイ、マレーシア、インドネシア、ベトナムなど多くの国を訪問し、高等教育質保証システムについて探査されてきた。このテーマについて、島本英樹・早田幸政・堀井祐介・林透・望月太郎・原和世著「ASEAN地域連携による高等教育の質保証とタイ国のアクレディテーション・システム」（大阪大学全学教育推進機構『大阪大学高等教育研究』第4号、2016）、早田幸政著「ASEANにおける高等教育質保証連携と『資格枠組み（QF）』の構築・運用の現段階—今、日本の高等教育質保証に何が求められているか—」（大学基準協会『大学評価研究』第17号、2018）、工藤潤・早田幸政・原和世著「マレーシアにおける高等教育質保証—MQAとマレーシア高等教育機関の訪問調査報告—」（大学基準協会『大学評価研究』第18号、2019）、早田幸政・前田早苗・島本英樹・田代守著「インドネシアにおける高等教育質保証システムに関する実地調査報告—ASEANにおける高等教育の地域統合の方向性を見据えて—」『中央大学論集』第40号、2019）、島本英樹・堀井祐介・工藤潤・原和世・早田幸政著「ベトナムにおける高等教育質保証システムの現状— ASEANにおける高等教育質保証のグローバル化を視野に入れて —」（大阪大学全学教育推進機構『大阪大学高等教育研究』第8号、2020）などを公表されている。大阪大学でそれらの国々を研究フィールドとする研究者との出会いも拡大した一因だと思われるが、なにより早田先生の興味・知的関心と向学心が調査対象国を拡充させていった。それらの国のうち、韓国、中国、タイ、インドネシア、ベトナムの

調査は幸運にも同行することが出来た。早田先生の調査手法は、対象とする調査大学や機関の歴史や成り立ち、調査国での立ち位置を事前に丹念に調べ、調査内容を短時間の少ない質問で無駄のない対面でしか聞けない要点のみ聞くやり方である。相手が答えやすいように、曖昧でない具体的な質問事項で構成されている。

　現地調査において、早田先生の質問に相手の対応がぴりっと引き締まったものになる場面を何度か見かけた。韓国やインドネシアでは顕著であったと記憶している。責任者の表情が締まるのだ。「鋭いこと聞いてくるなあという感じで…」とにかく、インタビュー調査でも予習が徹底している。これも早田先生の研究者としての実直な姿勢が表われており、尊敬すべきお姿である。

　以上のほか、異なる分野・領域での研究業績を紹介し、早田先生の研究上の関心が多様・多岐に亘っていることを示しておきたい。

　まず、地方公共人材の育成と関連づけた公共政策教育プログラムの質保証や、教員養成教育の質保証を目的とする教職課程質保証の問題に目を向けた研究業績をあげたい。前者に該当するものとして、早田幸政著「米国公共サービス分野の専門人材養成教育の質保証と『学習成果』のアセスメント―現行 NASPAA 評価基準の規範構造の考察を通じて―」（中央大学教育学研究会『教育学論集』第 63 集、2021）、冨野暉一郎・早田幸政著『地域公共人材教育研修の社会的認証システム』（日本評論社、2008）があり、後者に該当するものとして、早田幸政編著『教員養成教育の質保証への提言－養成・採用・研修の一体的改革への試み－』（ミネルヴァ書房、2020）などがある。また、大学質保証の営みを戦後新制大学制度発足直後より連綿と行ってきた大学基準協会の活動の軌跡を跡づけた論攷として、早田幸政著『大学基準協会の活動の航跡を振り返って―協会成立から認証評価制度の指導前までの時期を対象に政策的視点を踏まえた検証―』大学基準協会『大学評価研究』第 6 号（2017）も著されている。

　そして、早田先生は過去の経歴を背景に、比較的最近になって、法律学に関する業績が散見される。これらに一貫する視点は、学習権／教育権を含む人権保障の枠組の構築・拡大に向け、国内外の「法」がどのような役割を果たしているのかを主題とし、その課題解明に注力している点にある。これを代表する業績が、早田幸政著『［入門］法と憲法』ミネルヴァ書房（2014）である。このほか、早田幸政著「［資料］高等教育アクレディテーション機関を対象とする米国連邦教育省認証法制―『認証基準』を軸に―」（中央大学・日本比較法研究所『比較法雑誌』第 55 巻第 3 号、2021）、早田幸政・堀井祐介著「欧州圏における高等教育資格の国境を越えた通用性に関する規範的枠組み」（中央大学・日本比較法研究所『比較法雑誌』第 54 巻第 2 号、2020）、早田幸政著「昨今の高等教育改革と『大学の自治』の変容」（藤野美都子・佐藤信行編著『［ 植野妙実子先生古稀記念論文集 ］憲法理論の再構築』（敬文堂、2019）、早田幸政著「『教授会自治』の変容と認証評価―2014 年学校教育法改正を基軸として―」（大学基準協会『大学評価研究』第 14 号、2015）などが挙げられる。また、早田先生が編纂に直接関与した書籍として、早田幸政編集代表『大学関係六法』（エイデル研究所、2010）もある。

　なお、こうした一連の研究業績と一線を画したもののように見受けられるのが、早田先生が主執筆者として著した早田幸政編著『［ 新訂版 ］体系 道徳教育の理論と指導法』（エイデル研究所、2019）である。同書は、法学者でもある早田先生が、規範論や正義論・社会共同体論と関連づけて「道徳」の規範的性格の究明を試みると同時に、「道徳的価値」を「道徳的実践」につなげるプロセスでの内面的葛藤の本質に迫ろうとする視点が、全体的記述の要所要所に垣間見られる内容となっている。同書は、早田先生が自己を見つめ、社会の実相を観察する際の先生独自の視点を窺い知ることができるもので、同氏の日常の宗教観、死生観を含む思考の航跡を探ることのできる異色の書籍として仕上げられている。

　最後に、早田先生は、これまでの研究を総括するものとして、母校の

　中央大学に附設されている日本比較法研究所より、「日本比較法研究所叢書」として『大学教育のグローバル展開と質保証規範構造の変容』（仮題）の刊行を計画されていることも紹介しておきたい。同書には、EU における「欧州高等教育圏（EHEA）」創設に向けたボローニャ・プロセスに関する論攷、ASEAN を軸に北東アジアを含むアジア全体を視座に据えた高等教育アライアンスを展望した論攷、米国のアクレディテーション・システムに関する論攷、教育プログラム別アクレディテーションの一翼を担う「全米公共政策大学院ネットワーク（NASPAA）」の質保証システムに関する論攷、我が国の高等教育質保証政策変遷と、その影響下で発表されてきた学説の系譜を跡づけた論攷を含むこれまでに公にした成果物に大幅加筆修正した論攷、「学習成果」の達成度評価とその可視化に関する欧米学説の新動向を扱った論攷、上記 NASPAA のアクレディテーションを受審する学位プログラムによる「内部質保証」の実践状況を分析的視点から解明しようとした論攷、を収録することが予定されている。同書は、早田先生の研究活動の集大成として位置づけられるものであるとともに、今後、我が国高等教育における「学習成果アセスメント」のあるべき姿を、新たな観点から迫ろうとする意欲作として評価されることになろう。

　末尾になったが、現在、私が微力ながら大学評価に関わらせていただいているのは、早田先生と知り合うことが出来、高等教育に関する諸テーマについて、その教えを受ける幸運があったからである。早田先生が、大学基準協会から中央大学に至るまで一流の高等教育研究者としてご活躍され続けていることに感謝し、さらには、先生の古稀を祝う書籍の分担執筆者として、稚拙ながら原稿を書く機会を与えられたことに深く感謝する。

本書刊行に寄せて

　早田幸政教授が古稀をお迎えになり、中央大学の教授職を定年にて御退職になります。この機会に、早田教授を敬愛する御縁ある多くの方々から寄せられた珠玉の論稿を収めた記念論文集がここに刊行されますことを、心からお慶び申し上げます。あらためて早田幸政教授の古稀を御祝いし、長年にわたるわが国の高等教育の質の保証の実現に大いなる貢献を果たしてこられたことに、関係者一同より心から敬意を表したいと思います。

　とき折しも、わが国の学制が創設１５０周年の節目を迎えて、人類社会の持続的発展の礎は教育制度の構築による人材育成にあることが再認識されています。そして、高等教育制度をいっそう進展させるためには、教育の質の保証こそが重要であることを強く認識しなければならない時期を迎えています。この経緯こそ、まさに、早田教授が、さまざまな職責を担いながら、一貫して追求されてきた学究としての生き方と軌を一にするものであり、早田教授によって、わが国の社会にもたらされた知見とも言えるでしょう。

　早田教授と同時期に研究教育に従事し、高等教育の理論構築と実践を試み、教育行政に取り組んできた仲間としては、ここに早田教授の古稀を御祝いし、高等教育の質保証を考究する機会に恵まれたことを、誠に光栄に存じます。早田教授が、ご壮健にて、後進の指導とわが国の教育行政の発展に寄与されますことを心からお祈りして、古稀記念論文集刊行に寄せるご挨拶とさせて戴きます。

中央大学名誉教授・前学長
日本私立学校振興・共済事業団理事長

福原紀彦

編集委員・執筆者一覧

工藤 潤（大学基準協会　事務局長）＊

前田 早苗（千葉大学　名誉教授）

望月 太郎（大阪大学大学院　人文学研究科教授）＊

堀井 祐介（金沢大学　教学マネジメントセンター教授）＊

佐藤 信行（中央大学　法科大学院教授・教育力研究開発機構長・副学長）＊

高田 英一（神戸大学　戦略企画室准教授）

大森 不二雄（東北大学　高度教養教育・学生支援機構教授）

山田 礼子（同志社大学 社会学部教授）

田代 守（大学基準協会　事務局次長）

松坂 顕範（大学基準協会　評価研究部企画・調査研究課長）

加藤 美晴（大学基準協会　評価研究部企画・調査研究課）

伊藤 敏弘（日本高等教育評価機構　常務理事・事務局長）＊

陸 鐘旻（日本高等教育評価機構　評価事業部長兼評価研究部長）

植野 妙実子（中央大学　名誉教授）

入澤 充（国士舘大学大学院　法学研究科特任教授）＊

島本 英樹（大阪大学　全学教育推進機構准教授）

福原 紀彦（中央大学名誉教授・前学長　日本私立学校振興・共済事業団理事長）

＊は編集委員

早田幸政
研究業績一覧

早田幸政研究業績一覧
はやたゆきまさ

専門分野：高等教育制度、大学評価論、憲法、教育法学

主要担当授業：教育関係法、公務員法、憲法、高等教育論、
大学評価論、公共評価システム論、
教育の社会・制度（教育学概論Ⅱ）、
道徳教育の理論と指導法

1．経歴

期間	経歴
1968 - 1971	山口県立下関西高等学校
1972 - 1977	中央大学 法学部 法律学科
1977 - 1980	中央大学 法学研究科 政治学専攻

期間	経歴
2014/04 -	京都産業大学全学共通教育センター
2014/04 -	中央大学理工学部教授
2014/04 - ~	中央大学理工学部教授
2014/04 - ~	京都産業大学全学共通教育センター
2012/04 - 2014/03	大阪大学評価・情報分析室教授
2010/04 - 2014/03	中央大学大学院公共政策研究科非常勤講師
2010/04 - 2014/03	中央大学大学院公共政策研究科非常勤講師
2004/04 - 2013/03	桜美林大学大学院国際学研究科大学アドミニストレーション専攻非常勤講師
2012/04 -	成安造形大学芸術学部非常勤講師
2012/04 - ~	成安造形大学芸術学部非常勤講師
2008/04 - 2012/03	大阪大学大学教育実践センター教授
2008/04 - 2012/03	大阪大学大学教育実践センター教授
2006/04 - 2008/03	石川県立大学生物資源環境学部非常勤講師
2003/11 - 2008/03	金沢大学大学教育開発・支援センター教授 (2006年4月より副センター長)
1985/01 - 2003/10	大学基準協会職員 (2001年7月より大学評価・研究部長 (科研費・研究者番号付)
1996/04 - 2003/09	千葉経済大学短期大学部初等教育科非常勤講師
1996/04 -2003/03	千葉経済大学経済学部非常勤講師
2001 - 2003	japan university accreditation association
1996/04 - 2000/03	広島大学大学教育研究センター客員研究員
1997/04 - 1998/03	群馬大学教育学部非常勤講師
1993/04 - 1996/03	群馬大学教育学部非常勤講師
1990/04 - 1994/03	松山大学法学部法学科非常勤講師
1980/04 - 1983/03	地方自治総合研究所常任研究員
	Former Institution / Organization Kanazawa University Research Center for Higher Education

2．研究実績

論文

カテゴリ	著者	論文タイトル	掲載誌	発行年	巻	号	頁
	早田幸政	大学教育質保証の改革と将来展望	季刊教育法	2022		214	34-39
	早田幸政	CHEA「アクレディテーション機関の認証に関する方針・手続」(2018.9.24CHEA理事会承認)	中央大学論集	2022		43	85-103
	早田幸政	高等教育アクレディテーション機関を対象とする米国連邦教育省認証法制―「認証基準」を軸に―	比較法雑誌	2021	55	3	173-242
	早田幸政	米国公共サービス分野の専門人材養成教育の質保証と「学習成果」のアセスメント	教育学論集	2021		63	103-142
共同執筆	早田幸政，堀井祐介	欧州圏における高等教育資格の国境を越えた通用性に関する規範的枠組み	比較法雑誌	2020	54	2	123-159
共同執筆	島本英樹，堀井祐介，工藤潤，原和世，早田幸政	ベトナムにおける高等教育質保証システムの現状―ASEANにおける高等教育質保証のグローバル化を視野に入れて―	大阪大学高等教育研究	2020		8	21-32
共同執筆	工藤潤，早田幸政，原和世	マレーシアにおける高等教育質保証	大学評価研究	2019		18	63-88
	早田幸政	「学び」の質的転換と初・中等教育、高等教育のリンケージ	季刊 教育法	2019		200	78-81
共同執筆	早田幸政，前田早苗，島本英樹，田代守	インドネシアにおける高等教育質保証システムに関する実地調査報告書―ASEANにおける高等教育の地域統合の方向性を見据えて―	中央大学論集	2019		40	141-154
	早田幸政	AITSL「オーストラリアにおける教員養成教育のアクレディテーションの概要」邦訳、AITSL「アクレディテーション基準とその実施手続」(全文)邦訳、AITSL「登録教員になるために」邦訳、AITSL「オーストラリア学校教員専門職基準(Australian Professional Standards for Teachers)」(全文)邦訳	[平成30年度文部科学省「教員の養成・採用・研修の一体的改革推進事業」]教職課程の質の保証・向上を図る取組の推進調査研究報告書	2019			240-276

カテゴリ	著者	論文タイトル	掲載誌	発行年	巻	号	頁
	早田幸政	ASEAN 地域における高等教育質保証連携と「資格枠組み (QF)」の構築・運用の現段階―今、日本の高等教育質保証に何が求められているか―	大学評価研究	2018		17	39-59
	早田幸政	第3期認証評価の展望	『IDE 現代の高等教育』	2017		595	4-9
	早田幸政	大学基準協会の活動の航跡を振り返って	大学評価研究	2017		16	7-19
	早田幸政	「特別の教科　道徳」の始動を見据えた「道徳の時間」指導法の工夫	教職課程年報	2017		22	2-10
	早田幸政	ASEAN におけるラーニング・アウトカムの測定・評価を軸とする高等教育質保証構築に向けたチャレンジに関する研究	教育学論集	2017		59	
共同執筆	早田幸政，工藤潤，堀井祐介	イギリスの教育質保証システムの現状と変容―イングランドにおける QAA の制度改革を中心に―	『季刊教育法』	2016		191	110-117
共同執筆	島本英樹，早田幸政，堀井祐介，林透，望月太郎，原和世	ASEAN 地域連携による高等教育の質保証とタイ王国のアクレディテーション・システム	大阪大学高等教育研究	2016		4	25-34
	早田幸政	大学設置基準の成立と大学設置認可制度	大学評価論の体系化に関する調査研究報告書	2015			78-82
	早田幸政	認証評価制度の制度的特質	大学評価論の体系化に関する調査研究報告書	2015			83-87
	早田幸政	「教授会自治」の変容と認証評価	大学評価研究	2015		14	71-85
	早田幸政	「道徳の時間」の位置づけとその指導法を考える	教職課程年報	2015		20	4-17
共同執筆	杉岡秀紀，早田幸政	わが国における公共政策系専門職大学院の認証評価の現状と課題	日本評価研究	2013	13	1	41-56
	早田幸政	「学習成果の測定・評価」と内部質保証―第2期認証評価を担う JUAA の課題と期待―	大学評価研究	2013	12	12	23-36
	早田幸政	米国における公共政策大学院の質保証―"Pre-2009 NASPAA Standards" の検討を軸に―	法学新報	2013	119	11・12	27-55

カテゴリ	著者	論文タイトル	掲載誌	発行年	巻	号	頁
	早田幸政	法学を基礎に認証評価基準を考える	[2012年度職員研修会]大学職員等(研修修了者)と大学基準協会職員との合同研修会報告書	2013			
共同執筆	早田幸政, 望月太郎, 齋藤貴浩, 堀井祐介, 島本英樹	東アジア圏の教育における大学間交流と質保証システム	大阪大学大学教育実践センター紀要	2012		8	17-39
	早田幸政	高等教育財政の現状と課題	日本教育法学会年報	2012		41	70-79
	早田幸政	大学の認証評価と専門分野別質保証	[文部科学省平成23年度先導的大学改革推進委託事業研究成果報告書]大学における教育研究活動の評価に関する調査研究	2012			
	早田幸政	大学の認証評価の課題と展望	内外教育	2011		6110	
共同執筆	早田幸政, 齋藤貴浩	学生の学習成果と大学における内部質保証体制の検証に係る認証評価の方向性に関する考察	大阪大学大学教育実践センター紀要	2011		7	19-28
共同執筆	中村征樹, 早田幸政, 望月太郎, 中村明, 齋藤貴浩, 服部憲児	「高度教養教育」の位置付けと科目展開に関する取組事例に係る調査研究	大阪大学大学教育実践センター紀要	2011		7	9-18
共同執筆	齋藤貴浩, 早田幸政, 中村征樹, 望月太郎, 松河秀哉	「授業改善のためのアンケート」の教員による活用に関する調査研究	大阪大学大学教育実践センター紀要	2011		7	29-47
共同執筆	齋藤貴浩, 望月太郎, 早田幸政, 中村征樹, 松河秀哉	卒業生による全学共通教育ならびに大学教育に関する意識調査	大阪大学大学教育実践センター紀要	2011		7	49-68
	早田幸政	学生の「学習成果」と教育の質保証―「高等教育規範体系」の確立を視野に入れて―	季刊教育法	2011	168	168	100-105
	早田幸政	報告:行政大学院・行政研修所に係る世界機構(IASIA)調査報告『社会科学分野の高度人材育成大学院に係る大学院プログラムの質保証に関する実証的研究』		2011			

カテゴリ	著者	論文タイトル	掲載誌	発行年	巻	号	頁
共同執筆	早田幸政，望月太郎，中村征樹	「履修登録機関」の設定及び単位の実質化に関する先進的取組事例に係る調査報告	大阪大学大学教育実践センター紀要	2010		6	43-53
共同執筆	齋藤貴浩，望月太郎，早田幸政	教育成果に関する評価指標の大学での取り扱いに関する考察―大学を対象とする認証評価機関への調査を中心として―	大阪大学大学教育実践センター紀要	2010		6	9-26
共同執筆	島本英樹，早田幸政，服部憲児	「秋学期入学」の調査に関連した中国・台湾の大学訪問レポート	大阪大学大学教育実践センター紀要	2010		6	55-63
	早田幸政	「学部教育」から「学士課程教育」への転換―中央教育審議会「学士課程教育の構築に向けて（答申）」の検討を通して―	季刊教育法	2009		160	108-113
共同執筆	早田幸政，松坂顕範	報告：ドイツにおける質保証の取り組みに関する報告		2009			
	早田幸政	翻訳・解説：NASPAA アクレディテーション基準２００９（ドラフト）		2009			
	早田幸政，堀一誠	論説：「学士力」とはなにか	創造と実践	2009		8	
	早田幸政	公共政策専門職大学院の動向	「地域社会における公共的人材育成システムの構築とその社会的認証」コンファレンス[ディスカッション・テーブル]報告書	2008			94-100
	早田幸政	FD 活動の義務化と大学の教育機能	大学と教育	2008		47	4-16
	早田幸政	アメリカの公共政策大学院に対する NASPAA の質保証システム		2008			
	早田幸政	教員組織、教員の所属組織に関する先行研究の概観	「今後の「大学像」の在り方に関する調査研究－教員の所属組織」報告書	2007			
	早田幸政	WASC 傘下の大学・カレッジにおける教員組織、教育プログラムの特質と新たな評価・アクレディテーション手法の開発		2007			
	早田幸政	紹介・論説：第Ⅴ部 評価機関としての再生と活動	大学基準協会五十五年史	2005			

カテゴリ	著者	論文タイトル	掲載誌	発行年	巻	号	頁
	早田幸政	ロースクールのアクレディテーションに係る評価員の研修制度と研修の内容―ロースクールを対象とするアクレディテーション機関のプロフェッショナル・スタッフへの聴き取り調査を通じて―		2005			
	早田幸政	法科大学院の認証評価とその特質	季刊教育法	2004		143	90-95
共同執筆	早田幸政,入澤充	論説：高等教育の動向と課題					
	早田幸政	高等教育のグローバリゼーションと認証評価制度	関西教授会連合	2003		115	16-37
	早田幸政	紹介：オーストラリアの高等教育と質保証システム	大学基準協会企画・編集『大学評価の国際化』	2003	単行本（エイデル研究所刊）	158-162	
	早田幸政	講演記録：大学基準協会の大学評価システムと高等教育政策	私学経営	2003		340	
	早田幸政	認証評価のインパクト―アメリカの「教育長官認証」の紹介を兼ねて―	高等教育研究	2003		6	105-129
共同執筆	Yukimasa Hayata	a comparison of japanese and american recognition systems to the evaluating agencies of higher education		2003		6	105-129
	早田幸政	中教審答申の大学質保証システム構想と規制改革	季刊教育法	2002		134	18-24
共同執筆	早田幸政,入澤充	高等教育の動向と課題	日本高等教育法学会編『［講座 現代教育法2］子ども・学校と教育法』	2001		19	
	早田幸政	評価の客観性と「主観評価」に関わる考察―台頭する「協働参画型評価((Participatory Evaluation))論における「参加」概念の検証を手がかりに―	大学評価研究	2001		1	33-42
	早田幸政	細井克彦他編著『大学評価と大学創造―大学自治論の再構築に向けて―』東信堂	大学論集	2001		31	
	Yukimasa Hayata	a study of the possibility of objective evaluation and subjective evaluation-an analysis on the idea of participation in participatory evaluation-		2001		1	33-42
	早田幸政	国立大学の独立法人化問題と大学評価	東北教育学会研究紀要	2001		4	95-101

カテゴリ	著者	論文タイトル	掲載誌	発行年	巻	号	頁
	早田幸政	評価の客観性と『主観評価』について	全大教時報	2000		24	65
	早田幸政	高等教育改革と大学法制	日本教育法学会年報	2000		29	48-56
	早田幸政	reform of higher education and law on higher education		2000		29	
	早田幸政	講演記録：相互評価と大学改革	日本大学本部総合企画部『第三者評価と大学改革』	1999	単行本（学陽書房刊のシリーズ本です）		
	早田幸政	大学審議会答申に見る「教育の評価」	季刊教育法	1999		122	39-43
共同執筆	早田幸政，大南正瑛，工藤潤	報告：米国基準協会等の大学評価に関する実態調査報告書（第2次中間報告）		1999			
	講演記録：相互評価と大学改革	日本大学本部総合企画部『第三者評価と大学改革』		1999	報告書（日本大学刊）		
	早田幸政	論評：高等教育機関（森部英生編『全訂教育法読本』）所収	森部英生編『全訂教育法読本』	1999			
	早田幸政	18歳人口急減期における大学教育の質の保障	全大教時報	1998		22	6
	早田幸政	我が国大学等の量的整備構想と「臨時定員」問題	季刊教育法	1998		114	57-66
	早田幸政	講演記録：今後の大学の自己点検・評価の在り方	全大教時報	1997		21	5
	早田幸政	大学評価システム形成の軌跡	季刊教育法	1997		111	85-104
共同執筆	早田幸政，内田孟男，三谷誠一，園田俊彦	報告：草の根交流事業評価手法報告書		1997	国際交流基金日米センター報告書		
	Yukimasa Hayata	university evaluation system and self-evaluation		1997			
共同執筆	Masateru Baba, Yukimasa Hayata	The changing role of JUAA in Japanese university evaluation	Assessment and Evaluation in Higher Education	1997	22	3	329-335
	早田幸政	最近における「大学改革」の状況について (1)―大学基準協会「大学改革の実施状況に関する調査研究報告書」から―	学校法人	1996	19	4	2-6
	早田幸政	青木宗也「大学論」の特質	季刊教育法	1996		106	36-40

カテゴリ	著者	論文タイトル	掲載誌	発行年	巻	号	頁
共同執筆	早田幸政，山田圭一，塚原修一	報告：知的交流事業評価手法報告書		1996	国際交流基金日米センター報告書		
	早田幸政	日本の大学評価の現状とそのあり方	季刊教育法	1995		104	52-58
	早田幸政	第三者による大学評価に関する理論の動向	季刊教育法	1995		102	143-161
共同執筆	早田幸政，前田早苗，工藤潤	翻訳・解説：アメリカ南部地区基準協会 基準認定用マニュアル	大学基準協会『会報』	1995	74		
	早田幸政	『大学評価』の実務手続	大学基準協会会報	1995	76		
	早田幸政	わが国の大学評価の理論の一般的考察―1975年以降、新大学設置基準公布に至るまで―	季刊教育法	1994		99	76-97
	早田幸政	大学のカリキュラムと教育の理念・目的	季刊教育法	1993		92	129-134
	早田幸政	明治前期の「公立」小学校概念の形成と変容	日本教育法学会年報	1992		21	186-187
	早田幸政	アメリカ大学日本校の現状とその質的管理	季刊教育法	1992		90	80-86
共同執筆	早田幸政，今村都南雄，馬場康雄，辻山幸宜	報告：大学問題基礎調査報告書		1992	川崎市報告書		
	早田幸政	明治地方分権体制創出期の初等教育法制における「公立」小学校概念の形成とその変容	法学新報	1990	96	9・10	
	早田幸政	明治憲法下の地方「自治」法制における公民規定とその変遷	松山大学論集	1989	1	4	
	早田幸政	1833年ギゾー法における「公教育」と「教育の自由」	日本教育法学会年報	1987		16	219-220
	早田幸政	オルレアン政府の初等教育政策に関する一研究―いわゆる1833年ギゾー法における「公教育と教育の自由」概念の考察を中心として―	法学新報	1985	92	1・2	87-156
	早田幸政	報告：明治前期の制限選挙制と地方自治	憲法理論研究会ニュース	1984	9月		
	早田幸政	府県会規則における参政権規定に関する一考察―明治是塩基の立件かと地方自治―	法学新報	1983	90	1・2	96-156
	早田幸政	資料紹介：二都道府県にまたがる一部事務組合	自治総研	1982	8	4	
	早田幸政	紹介：フランスにおける地方制度改革	自治総研	1982	8	2	

カテゴリ	著者	論文タイトル	掲載誌	発行年	巻	号	頁
	早田幸政	紹介：ABatbie『仏国政法論』における分権論・集権論	自治総研	1981	7	3	
	早田幸政	報告：コンメンタール補助機関―第168条（出納長、副出納長、収入役及び副収入役）～第175条（支庁、地方事務所等の長）―		1981	地方自治総合研究所検討資料		
	早田幸政	報告：コンメンタール補助機関―第161条（副知事・助役の設置及び定数）～第167条（副知事及び助役の職務）―		1981	地方自治総合研究所検討資料		
	早田幸政	紹介：地方公務員の範囲―その実態と問題点	自治総研	1980	6	12	
	早田幸政	紹介：最近における政府の『行政改革』の動き	自治総研	1980	6	10	
	早田幸政	紹介：地方自治と民主主義をめぐる論争（続）	自治総研	1980	6	6	
	早田幸政	紹介：都道府県の「事務移譲」の実施状況	自治総研	1980	6	6	
	早田幸政	紹介：地方自治と民主主義をめぐる論争	自治総研	1980	6	3	
	早田幸政	人事委員会・公平委員会の諸問題	月刊自治研	1979	21	11	

書籍

著者	書名	出版社	発行年
共編著	＜ JUAA 選書第 17 ＞「学習成果可視化」と達成度評価の現状・課題・展望	東信堂	2023
共編著	教学マネジメントと内部質保証の実質化 [JIAA 選書 16]	東信堂	2021
単著	教員養成教育の質保証への提言	ミネルヴァ書房	2020
共編著	[新訂版] 体系 道徳教育の理論と指導法	エイデル研究所	2019
単著	憲法理論の再構築	敬文堂	2019
共編著	内部質保証システムと認証評価の新段階	エイデル研究所	2016
単著	教育制度論	ミネルヴァ書房	2016
共編著	大学の質保証とは何か	エイデル研究所	2015
単著	道徳教育の理論と指導法	エイデル研究所	2015
単著	[入門] 法と憲法	ミネルヴァ書房	2014
単著	法・制度・権利の今日的変容	中央大学出版部	2013
単著	大学のグローバル化と内部質保証―単位の実質化、授業改善、アウトカム評価―	晃洋書房	2012
共著	大学評価基本用語１００	晃洋書房	2011
共編著	高等教育論入門―大学教育のこれから―	ミネルヴァ書房	2010
単著	日本国憲法―主権・人権・平和―	ミネルヴァ書房	2010
共編著	大学を変える―教育・研究の原点に立ちかえって―	大学教育出版	2010
共編著	大学関係六法	エイデル研究所	2010
共編著	地域公共人材教育研修の社会的認証システム	日本評論社	2008

著者	書名	出版社	発行年
共編著	アメリカ公共政策大学院の認証評価システムと評価基準―NASPAA のアクレディテーションの検証を通して―	公人の友社	2008
共編著	＜TESK ライブラリー＞教員の所属組織―今後の「大学像」の在り方に関する調査研究報告書より―	金沢大学大学教育開発・支援センター	2007
共編著	法科大学院教育の理念と実践	商事法務	2007
共編著	よくわかる大学の認証評価	エイデル研究所	2007
共編著	公共政策教育と認証評価システム―日米の現状と課題―	公人の友社	2005
共編著	国立大学法人化の衝撃と私大の挑戦	エイデル研究所	2005
共編著	＜JUAA 選書13＞大学と法―高等教育５０判例の検討を通して―	エイデル研究所	2004
共編著	大学・カレッジ教育評価実例ハンドブック―アメリカ北中部地区基準協会『自己評価と改善・改革に関する論集』より	エイデル研究所	2003
共編著	日本の学術行政と大学	東京教学社	2002
共編著	＜文献選集＞大学評価	エイデル研究所	2002
共編著	＜JUAA 選書12＞大学評価を読む	エイデル研究所	2001
共編著	＜JUAA 選書11＞これからの大学と大学運営	エイデル研究所	2000
共編著	＜JUAA 選書9＞いま、大学の臨時的定員を考える	エイデル研究所	1999
共編著	＜JUAA 選書6＞大学の質を問う	エイデル研究所	1997
共編著	大学評価システムと自己点検・評価―法制度的視点から―	エイデル研究所	1997
共編著	＜JUAA 内外大学関係情報資料17＞アクレディテーションのための実地視察の手法―ニューイングランド地区基準協会『実地視察団マニュアル』から―	大学基準協会	1996
共編著	＜JUAA 選書1＞大学改革と大学評価	エイデル研究所	1995
共編著	アメリカ北中部地区基準協会：大学・カレッジ評価ハンドブック	紀伊國屋書店	1995
共編著	大学・短大の自己点検・評価	エイデル研究所	1992
共編著	大学・カレッジ自己点検ハンドブック	紀伊國屋書店	1992
共編著	憲法構造の歴史と位相	南雲堂	1991

社会活動 委員歴

機関	委員会名
文部科学省	中央教育審議会・大学分科会（認証評価機関の認証に関する審査委員会）専門委員
文部科学省	大学設置・学校法人審議会・大学設置分科会（設置計画履行状況等調査委員会）専門委員
文部科学省	先導的大学改革推進委託事業選定委員
文部科学省	教職課程の質保証のためのガイドライン検討会議委員
文部科学省	国際的な大学の質保証に関する調査研究協力者会議・作業部会委員
文部科学省＆日本学術振興会	大学間連携共同教育推進事業評価委員会（フォローアップ部会）委員
日本学術振興会	特別研究員等審査委員会専門委員
日本私立学校振興・共済事業団	「教育の質の保証に係る指標」調査研究委員会委員
日本高等教育学会	理事（大会担当）
日本高等教育質保証学会	評議員
日本高等教育質保証学会	副会長
大学基準協会	大学評価研究所運営委員
大学基準協会	『大学評価研究』編集委員会委員
大学基準協会	特色ある大学教育支援プログラム実施委員会委員
大学基準協会	高等教育のあり方研究会・教職課程の質保証・向上に係る取組の調査研究部会委員（部会長）。
大学基準協会	高等教育のあり方研究会・内部質保証のあり方に関する調査研究部会委員（部会長）。
大学基準協会	大学評価研究所・達成度評価のあり方に関する調査研究部会委員（部会長）。
大学改革支援・学位授与機構	学位授与に関する外部検証委員会委員
日本高等教育評価機構	評価システム改善検討委員会委員
日本高等教育評価機構	（大学・短期大学）意見申立て審査会委員
大学・短期大学基準協会	調査研究委員会委員
大学・短期大学基準協会	短期大学認証評価委員会委員
日弁連法務研究財団	評価委員会幹事
地域公共人材開発機構	顧問
地域公共人材開発機構	副理事長
関西大学	外部評価委員会委員
石川県立大学	業務実績（外部）評価委員会委員
金沢美術工芸大学	業務実績（外部評価）委員会委員
立命館大学	大学（外部）評価委員会委員
東京理科大学	外部評価委員会委員
北海道大学	公共政策大学院　外部評価委員会委員

所属学会

カテゴリ	学会名
所属学会	日本教育法学会
所属学会	日本高等教育学会
所属学会	日本公共政策学会
所属学会	大学評価学会
所属学会	高等教育質保証学会

大学教育の質保証と達成度評価

認証評価の
近未来を覗く

2023年3月31日　初刷発行

編著者　　早田幸政古稀記念論文集編集委員会企画：
　　　　　　堀井祐介・工藤潤・入澤充

発行者　　大塚孝喜
発行所　　株式会社エイデル研究所
　　　　　　〒102-0073　東京都千代田区九段北4-1-9
　　　　　　TEL. 03-3234-4641
　　　　　　FAX. 03-3234-4644

表紙デザイン
　　　　　　ウームデザイン株式会社

印刷所　　中央精版印刷株式会社